KB212315

확률의 승부사들

성공과
실패를 가른

확률 경영의
역사

권오상
지음

확률의 승부사들

KNOWLEDGE

사랑하는 아내 윤경에게

차례

들어가는 말 **11**

1장
운과 확률의 영역을 인정한다

새로 자신의 회사를 창업한 찰스 파슨스의 고민 **20** │ 소용돌이를 뜻하는 단어에서 유래한 장치의 이름은? **27** │ 영국 해군과 끈끈한 관계가 되어 큰 회사로 성장한 비커스 **34** │ 무기 제조를 독점하다시피한 윌리엄 암스트롱의 좌절 **37** │ 결과가 정해져 있지 않다는 것이 비즈니스의 본질 **44** │ 빅토리아 여왕 즉위 60주년 기념 관함식의 전설 **50**

2장
결과를 빈도와 함께 고려한다

변호사 일을 지루하게 여긴 금융인의 다음 행보 **58** │ 빌리 빈, 마이클 루이스 혹은 브래드 피트의 머니볼 **63** │ 스포츠에서 운과 기량이 가지는 상대적 중요성 **72** │ 선수의 평균 리바운드나 평균 득점을 중요하게 본다면? **76** │ 자본주의의 첨병 프로 스포츠 리그의 에르고드 이코노미 **85** │ 대릴 모리의 휴스턴 로키츠는 어떻게 성공했을까? **90**

3장
리스크와 불확실성을 구별한다

포도 농부의 아들, 전쟁으로 징집되어 로도스에 가다 96 ┃ 모터스포츠 전설의 상징이된 이탈리아 공군 에이스의 문장 103 ┃ 바다의 신 넵투누스의 삼지창을 품은 볼로냐의 5형제 111 ┃ 페라리, 마세라티와 다른 길을 걸어간 지오반니 아녤리 116 ┃ 모험사업과 창업이 주사위 던지기와 다른 이유? 122 ┃ 트랙터를 만들던 람보르기니, 꿈의 스포츠카를 만들다 125

4장
평균의 함정을 피한다

히잡을 자율화했던 독재자를 몰아낸 페르시아의 후예 132 ┃ 영국과 러시아는 오랫동안 이란을 괴롭혀온 대표적 외세 140 ┃ 그란 사소 습격 혹은 작전 참나무가 시조인공수 구출 작전 146 ┃ 미국 원자력 해군의 아버지 하이먼 리코버가 뽑은 대통령?151 ┃ 평균에 의존해 내리는 의사 결정은 평균적으로 망한다 158 ┃ 작전 독수리발톱이 실패한 직접적인 원인은 뭐였을까? 162

5장
신기루 같은 패턴에 현혹되지 않는다

대학 중퇴자가 닷컴 버블에 편승해 세운 헤지펀드의 운명 170 | 분업을 극대화한 할리우드 시스템의 진정한 주인공은? 175 | 팝 음악의 성공 공식을 찾아낸 스웨덴의 음악 프로듀서 181 | 벌처펀드의 돈으로 영화계의 머니볼을 목표한 라이언 캐버노 188 | 없는 패턴을 본 뒤 이유를 꾸며내고 마는 마음의 한계 193 | 2012년 '백설공주'가 대표작인 렐러티비티는 무슨 엔딩? 198

6장
뜨거운 손을 찾는다

울버린의 고집과 신념 206 | 스프링필드 병기 공장과 콜트를 거친 자동차 업계의 핫핸드 212 | 헨리 킬런드가 고용한 세계 최초의 미사일을 만들 사람은? 219 | 유럽 하늘의 자유를 지키기 위해 미국이 내린 결정 225 | 스테픈 커리의 연속 3점 숏 성공이 도박꾼의 오류라면? 229 | 제네럴모터스와 포드의 최상위 브랜드가 가진 공통점 236

7장
증거를 얻어 확률을 갱신한다

파리에서 나고 자란 바이에른 소년과 아우크스부르크의 연 244 | 엔진 효율이 높으면서 아무 연료나 쓸 수 있다면? 251 | 다른 이유로 독일 황제와 석유왕의 미움을 산 세계 시민 256 | 영국행 항해 중 북해에서 홀연히 사라진 루돌프 디젤 262 | "사실들이 달라지면 난 생각을 바꾸죠, 선생님은요?" 268 | 비커스는 어떻게 갑자기 잠수함 엔진 생산에 성공했을까? 274

나오는 말 282
참고 문헌 286

예전 도이체방크 홍콩 지점에서 일하던 때의 일이었습니다.

서울 지점에 파견 왔다가 채용 관련 행사에 가게 되었습니다. 인사부 생각에 제가 검은 머리 외국인인 지점장과 세일즈 헤드의 근본 없는 횡설수설을 중화할 적임자라고 판단했기 때문이었을 겁니다. 기꺼운 마음으로 따라나섰습니다.

그렇게 마지막으로 간 대학교가 제 모교 중 하나인 서울대였습니다. 공식적인 프레젠테이션이 끝나고 질의응답 시간이 시작되었습니다. 질의응답 시간은 학생들 입장에서 장래의 잠재적 면접관에게 좋은 인상을 남길 수 있는 좋은 기회였습니다. 저는 얼마나 통찰로 가득한 질문을 받게 될지 두근

거리는 마음으로 귀를 기울였습니다.

학생들의 질문은 표현은 달랐지만 결국 한 가지였습니다. 그건 확률이었습니다. 과거 경험에 미루어 보아 자신과 같은 지원자가 서류 심사를 통과할 확률, 단계별 면접 심사에 합격할 확률, 최종 입사 제안을 받을 확률 말입니다.

이 글을 읽고 있는 여러분도 '나라도 궁금하다.', '입사를 하고 싶은 학생들이 당연히 물어볼 만한 질문 아닌가?' 싶을 텐데요. 질문한 학생들의 마음을 이해 못하는 바는 아니나 저는 좀 아쉬운 마음이 들었습니다. 특히 학생들이 가지고 있던 확률에 관한 생각에 대해서요.

보통 학교와 사회에서는 확률이 과거에 벌어진 일의 반복이라고 가르칩니다. 어떤 일의 과거 빈도를 통계로써 정리한 값과 같다고 말입니다. 가령 지난 42년간 프로야구 한국시리즈에서 한 팀이 1, 2, 3차전을 연달아 패배한 해는 모두 11번 있었는데, 그러고 나서 우승한 팀은 아직 없습니다. 그러니까 0승 3패에서 우승할 확률은 0인 셈입니다.

하지만 이러한 관점에서 확률을 보면 도전과 변혁을 담을 방법이 없습니다. 성공의 데이터를 통계 내고 그걸 가지고 구한 확률에만 집중하면 결국 우리가 확률을 통해 할 수 있는 건 과거를 답습하는 게 전부일 뿐입니다. 모두가 불가능하다고 얘기하던 30대 중반의 나이에 투자은행에 들어간 저로선 그런 확률로 할 수 있는 일이 많지 않다는 걸 본능적으로 느끼고 있었던 것 같습니다.

그래서 그때 학생들에게 이 한 가지를 당부했습니다. 확률을 보려고 하지만 말고 확률을 만들어내라고, 너희들 한 명, 한 명은 모두 다 소중하고 유일한 사람들이니 남들이 어렵다고 포기한 일을 도전해 이루어내면 너희 덕분에 0이었던 확률이 0이 아닌 값으로 바뀐다고, 그래서 나중에 다른 사람들이 너희를 보면서 꿈을 키워 왔다는 얘기를 들을 수 있게 하라고 말입니다.

시간이 흘렀지만 편안한 직장을 나와 벤처캐피털 회사를 창업한 6년 전, 그리고 지금도 그 생각은 변함이 없습니다. 이 책, 즉 비즈니스에서 확률을 활용하는 방법을 다룬 책을 써야겠다고 결심한 계기기도 했고요.

확률이란 단어가 낯선 사람은 드뭅니다. 하지만 어려운 이론이 등장할까 봐 겁이 나는 것도 사실이지요. 이 책에서 소개되는 일곱 가지 확률 생각법은 그런 난해한 이론이 아닙니다. 먼저 확률로 세상을 바라보려면 운과 우연의 영역을 인정해야 합니다. 그다음으로 확률을 볼 때 결과와 결합하는 게 필요합니다. 과거의 빈도가 확률로서 의미를 가질 때와 가지지 못할 때를 구별할 필요도 있고요.

확률로 세상을 본다는 건 조심할 일이 생긴다는 의미기도 합니다. 확률을 가지고 계산하는 평균의 함정에 빠지지 말아야 하고, 통계적 분석의 신기루 같은 패턴에도 홀리지 말아야 하니까요. 즉 확률을 잘못 다루어 망한 사례에서도 우리는 배울 게 있습니다.

마지막으로는 이른바 뜨거운 손을 찾고, 증거를 얻어 확률을 갱신해야 합니다. 뜨거운 손이란 뭔가를 연달아 성공하는 사람을 가리키는 말입니다. 과거 학계는 뜨거운 손이 존재하지 않는다고 주장했으나, 과거의 연구 결과가 오히려 뜨거운 손이 존재한다는 걸 역설적으로 증명한다는 게 최근에 밝혀졌습니다. 또한 새로운 데이터를 통해 확률을 갱신하는 건 인공지능에서 폭넓게 활용하는 방식이기도 합니다.

비즈니스에서 확률은 학생들의 앞선 질문처럼 그간 경험에서 비롯된 데이터 값을 통계 내어 성공으로 가는 가능성을 높이는 차원의 역할이 존재합니다. 여전히 일부 기업과 창업 현장에서 주먹구구식으로 결정되는 부분들이 있는 걸 보면,

더욱이 확률이 적극적으로 활용되어야 하고요.

다만 저는 비즈니스 현장에서 확률의 역할이 거기에서 끝나지 않았으면 좋겠습니다. 이 책에서 확률 생각법을 소개하고 싶은 까닭도 여기에 있습니다.

이 책은 확률 생각법을 어렵지 않게 전달하고자 실제로 기업 경영에 확률을 활용한 성공 스토리와 반면교사 같은 실패 사례를 흥미로운 이야기의 형태로 제시합니다. 이야기에 흠뻑 빠져 책을 읽다 보면 결국 '비즈니스의 흥망성쇠가 알고 보면 확률을 어떻게 다루었는가에 달려 있다'는 사실을 깨닫게 될 겁니다. 여기서 더 나아가 여러분 나름의 새로운 혜안을 가졌으면 하는 바람입니다.

이 책에서 소개하는 이야기들은 19세기 후반부터 최근의 21세기 초반까지 각기 다양한 시점에 벌어진 역사적 사건들입니다. 이보다 더 과거의 사건을 다루지 않은 건 비즈니스 자체가 언제나 변화무쌍하여 시간의 차이가 큰 사건들은 오늘날의 비즈니스와 맥락이 덜 닿을 것 같다는 염려 때문이었습니다. 반대로 최근 일어난 사건으로 고르지 않은 까닭은 이 책의 확률 생각법을 잘 보여줄 만한 사례가 충분치 않다는 판단이었습니다.

이 책에서 다룬 사례들을 조금 더 자세히 살펴보면 혁신적인 기술을 바탕으로 한 제조업 이야기가 일곱 중 넷으로 제일 많습니다. 스포츠카의 전설인 람보르기니, 페라리, 마세라티, 미국 최고급 차의 양대 산맥인 캐딜락과 링컨을 모두 창업한 헨리 릴런드, 자신이 발명한 내연 기관으로 엄청난 부를 거머쥐고도 홀연히 사라진 루돌프 디젤 등의 이야기가 나옵니다.

물론 그게 전부는 아닙니다. 21세기의 프로 스포츠 산업에서 남다른 성과를 낸 대릴 모리, 21세기의 영화판에서 관심을 끌다가 결국 파산한 렐러티비티 미디어의 라이언 캐버노 이야기도 빼놓을 수 없습니다. 20세기 후반 군사 작전 영역에서 확률을 잘못 다뤄 큰 망신을 당한 미군 특수 부대의 이야기도 있습니다. 이 책이 다루지 않은 분야에서도 얼마든지 비슷한 성공과 실패 스토리가 있으리라 짐작해 봅니다.
이 책을 읽고 여러분이 행하는 비즈니스와 확률의 접점을 찾고, 나아가 나만의 '0이 아닌 확률'을 만들어내는 방법이 무엇일지 잠시나마 고민하는 시간을 가질 수 있다면 이 책의 소임은 그걸로 충분하다고 생각됩니다. 부디 이 땅의 모든 경

영자, 엔지니어 창업자, 직장인들에게 이 책이 한 알의 밀알
이 되길 기원합니다.

2024년 10월

자택 서재에서

권오상

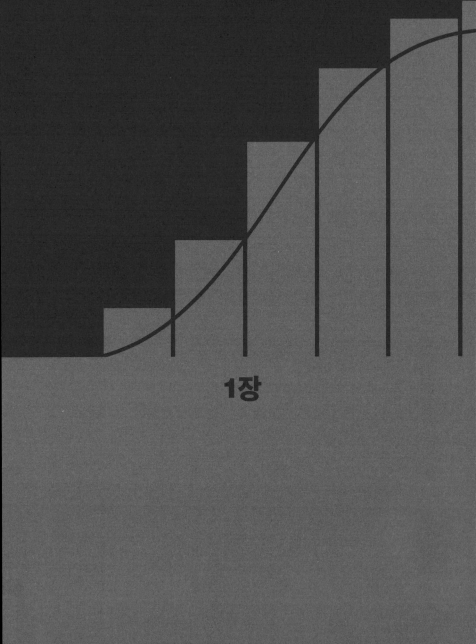

1장

운과 확률의 영역을
인정한다

새로 자신의 회사를 창업한
찰스 파슨스의 고민

찰스 파슨스의 고민은 쉽게 해결될 성격의 일이 아니었다. 세계 최초로 '증기 터빈'이란 새로운 장치를 만들어낸 파슨스의 성취는 이미 놀라운 수준이었으나, 그가 앞으로 달성하고자 하는 비즈니스 목표는 누구라도 주눅이 들게 할 만큼 벅찬 과제였다.

파슨스는 사실 초등학교부터 고등학교까지, 스무 살이 넘도록 학교에 가보지 못했다. 파슨스의 아버지가 본인이 그랬듯이 유소년기에 학교 교육을 받을 필요가 없다고 생각했기 때문이었다. 그렇다고 파슨스가 전혀 공부를 하지 않은 건 아니었다. 파슨스의 아버지는 학교에 보내지 않는 대신 여러 유능한 가정교사를 집에 두었고, 그 교사들은 파슨스를 꼼꼼히 가르쳤다. 그중 한 명이 아일랜드에서 가장 오래된 대학교인 더블린 트리니티칼리지를 졸업한 존 퍼서였다[1].

정식으로 학교 교육을 받지 않았음에도 불구하고 파슨스의 학업 능력은 뛰어났다. 가정교사들의 실력 덕분이든 타고난 재주 때문이든 파슨스는 자신의 가정교사였던 퍼서의 모교를 거쳐 영국의 케임브리지대학교 세인트존스칼리지[2]를 졸업함으로써 그 능력을 증명해 보였다.

대학을 졸업하고 나서 수습 엔지니어로 사회생활을 시작한 파슨스는 7년 만에 클라크 채프먼의 파트너, 즉 직원 월급을 주고 회사에 남는 돈이 있으면 일정 비율로 나눠 가질 수 있고 회사의 중요한 결정에 의사 표시를 할 수 있는 공동 대

---

[1] 처음 파슨스를 가르치기 시작할 때 퍼서는 그저 대학을 갓 졸업한 사회 초년생이었으나, 나중에는 영국 북아일랜드의 벨파스트 퀸스칼리지의 교수가 되었다.

[2] 케임브리지대학교의 31개 칼리지 중 하나로, 세계 최고의 교육 모델을 갖추고 있으며, 학계와 정·재계의 저명인사를 다수 배출한 곳이기도 하다. 12명의 노벨상 수상자와 4명의 영국 총리가 이 칼리지를 나왔으며, 신고전파 경제학의 창시자 알프레드 마샬과 노벨화학상을 두 번이나 받은 프레더릭 생어도 이 칼리지 졸업생이다.

표가 되었다. 클라크 채프먼은 항구에서 사용하는 기중기를 비롯한 각종 기계 장치를 만드는 회사였다. 그의 나이 불과 서른 살의 일이었다.

클라크 채프먼에서 파슨스의 임무는 신제품 개발이었다. 더 구체적으로 이야기하자면, 전기 기구 개발로서 파슨스가 지금까지 해 본 적이 없던 일이었다.[3] 그럼에도 도전하기를 주저하지 않았던 파슨스는 약 1년 만에 새로운 방식의 발전기 개발에 성공했다. 클라크 채프먼의 뛰어난 안목이 적중한 것인지 파격적인 인사만큼이나 놀라운 결과였다.

자신이 개발한 발전기가 기술적으로 우수하다고 믿었던 파슨스는 곧장 그 장치가 날개 돋친 듯 팔릴 거라고 예상했다. 그러나 그 예상이 산산조각 나는 데에는 그렇게 오랜 시간이 걸리지 않았다. 한마디로 순진한 생각이었던 셈이었다.

가장 큰 이유를 꼽자면, 소비자의 관심을 끌지 못했다. 시장에서 지배적인 위치에 있는 회사가 내놓은 제품이 아니라면 제아무리 기술적인 혁신성이 있다 하더라도 사람들은 대체로 큰 관심을 두지 않는다는 점을 간과한 거였다. 안타깝게

---

3   파슨스가 직전 직장인 키슨에서 했던 일은 로켓으로 추진되는 어뢰의 개발이었다. 심지어 그마저도 완전한 실패로 끝났다.

도 클라크 채프먼은 시장에 물건을 내놓는 순간, 사람들이 따지지도 않고 살 만큼 영향력을 행사하는 회사는 아니었다.

이후로 클라크 채프먼의 새로운 사업 개발은 좀처럼 진척이 없었다. 그럼에도 불구하고 파슨스는 쉽게 포기하지 않았다. 오히려 시간이 지날수록 더 낙관적으로 생각하기에 이르렀다.

'사람들이 아직 몰라서 그렇지 누구든 일단 쓰기 시작하면 그다음은 폭발적으로 매출이 뛸 거야.'

장밋빛 미래를 꿈꾸기 시작한 파슨스는 아직 나오지 않았으나 자기 제품의 이익을 다른 파트너들과 나눠 갖고 싶지 않았고, 클라크 채프먼의 공동 대표에도 만족할 수가 없었다.

마침내 그의 나이 서른다섯 살 때, 파슨스는 클라크 채프먼을 그만두고 직접 회사를 창업했다. 회사 이름도 자신의 이름과 성을 그대로 따 '파슨스'로 정했다. 그 과정에서 나중에라도 있을지 모를 분쟁을 없애고자 클라크 채프먼에서 등록했던 자신의 특허를 돈을 치르고 미리 사놓는 등 철저하게 독립을 준비했다.

그뿐만이 아니었다. 창업한 해에 파슨스는 자신의 첫 번째 회사인 '파슨스'가 제작한 발전기를 이용해 발전 사업을 직접 추진할 또 다른 회사를 세웠다. 파슨스의 행보는 지금으로 따지면 마치 전기 차 회사와 우주선 회사를 동시에 경영하는 일론 머스크를 연상시켰다.

두 회사를 거의 동시에 창업한 파슨스의 결정은 보는 관점에 따라 다른 평가를 받을 수 있었다. 벤처캐피털리스트라면 파슨스의 이러한 행보에 대해 한 가지에 집중하지 못하고 외형적 확장에만 신경 쓴다고 부정적으로 평했을 터였다. 반면 모험적인 사업가는 자신의 눈에 띈 여러 기회를 어느 하나도 놓치고 싶어 하지 않으므로, 파슨스의 결정이 타당하다 평할지도 몰랐다.

하지만 파슨스가 그러한 결정을 내린 데에는 다른 이유가 있었다. 당시 파슨스가 마주한 현실은 조지프 헬러가 쓴 소설 《캐치-22》의 주인공인 존 요사리안이 처한 상황과 매우 비슷했다.[4] 마치 탈출구도 없이 이러지도 저러지도 못하는 상황이었다.

무슨 말인가 하면, 파슨스는 발전기를 팔고 싶었지만 그러려면 먼저 고객들에게 실제로 그 발전기가 문제없이 작동한다는 걸 증명해야 했다. 그 말은 누군가가 파슨스의 발전기를 사다가 써야 한다는 건데, 앞서 말했듯이 고객들의 반응은 미지근했고, 기대와 달리 발전기는 팔리지 않았다. 아직 판적이 없는 발전기를 팔려니 파슨스로서는 속이 터질 노릇이었다. 결국 발전 사업을 추진할 회사를 설립한 까닭은 말하자면 알렉산드로가 했던 것처럼 지독하게 엉킨 고르디우스의 매듭[5]을 단칼에 잘라버리려는 최후의 시도였다. 아무도 사지 않으니 자신이 만든 발전기를 직접 사용해 전기가 잘 생산된다는 걸 사람들에게 보여주겠다는 계산인 셈이었다.

영국 뉴카슬에 세워진 파슨스의 발전소에서 전기가 생산된다는 사실에는 의문의 여지가 없었다. 그러나 방식이 새롭다는 사실 외에 파슨스의 발전기가 기존 발전기보다 성능 면에서 나은지는 의문이었다. 파슨스의 발전기는 고작 7.5킬로와트의 일률에 그쳤다. 대략 말 열 마리가 내는 그 시간당 에너지는 가정집 하나를 감당하고 나면 그걸로 끝이었다. 달리

---

4   소설 속 존 요사리안은 제2차 세계 대전 당시 미국 폭격기 조종사였다. 아이러니하게도 그가 폭격 임무를 마치고 무사히 살아 돌아오면 오히려 임무가 늘어났다. 임무가 늘어나는 걸 막으려면 임무에 실패해야 하는데 그건 곧 죽음을 뜻했다. 임무에서 배제될 수 있는 유일한 방법은 정신 병원에 들어갈 정도로 미치는 거였다. 정신 병원 의사들은 전쟁이 미친 짓이라고 생각하는 요사리안을 정상이라고 판정했다.

5   고르디우스의 전차에는 매우 복잡하게 얽힌 매듭이 있는데, 아시아를 정복하는 사람만이 그 매듭을 풀 수 있다는 전설이 있었다. 알렉산드로스는 그 이야기를 듣고 칼로 매듭을 끊어버렸다.

표현하자면 765킬로그램의 무게를 1미터 높이로 들어 올리는 데에 1초가 걸리는 수준이었다. 비슷한 때에 런던 근방에 위치한 데트퍼드에 설치된 기존의 발전기는 파슨스 발전기보다 약 150배 많은 전기 에너지를 만들어냈다.

더 큰 문제는 효율이었다. 파슨스의 발전기는 1.6퍼센트의 효율을 보일 뿐이었다. 구식 증기 기관도 잘 제작하면 6퍼센트 이상의 효율을 가지는데 반해 파슨스 발전기의 숫자는 너무 빈약했다. 뉴카슬의 발전소는 역설적으로 파슨스 발전기의 열등함을 숫자로 증명한 꼴이 되고 말았다.

이런 현실에 굴할 생각이 없었던 파슨스는 자신이 만든 발전기의 새로운 사용처를 찾기 시작했다. 몇 년의 시간이 걸려 기어이 파슨스는 새로운 용도를 찾아냈다. 그건 바로 육지가 아닌 바다였다.

파슨스는 자신의 장치가 육지보다 바다에서 더 큰 잠재력을 가진다고 생각했다. 그 결과, 파슨스는 또다시 새로운 회사를 창업했다. 클라크 채프먼을 그만둔 지 5년 만에 세운 세 번째 회사였다. 파슨스의 첫 번째와 두 번째 회사는 여전히 청산되지 않고 운영되고 있었다.

그게 전부가 아니었다. 파슨스는 발전기 제조나 발전 사업 때보다 훨씬 두둑한 지갑을 가진 잠재 손님을 새로운 목표로 정했다. 그건 바로 영국 정부였다.

소용돌이를 뜻하는 단어에서 유래한
장치의 이름은?

1791년에 영국에서 태어난 물리학자 마이클 패러데이[6]가 1831년 전자기 유도 법칙을 발표한 이래로 자석 사이에서 전선을 여러 겹 감은 코일을 회전시키면 전기가 생산된다는 원리는 널리 알려져 사용되었다. 파슨스가 만든 발전기도 패러데이의 전자기 유도 법칙을 따랐다.

파슨스의 발전기는 증기의 힘으로 코일이 연결된 샤프트, 즉 축을 돌리는 방식이었다. 증기는 끓어 기체 상태가 된 물로서 압력이 높았다. 팽창하려는 고압의 증기를 잘 활용하면 사람이나 동물을 대신해 고된 일을 편하게 할 수 있었다. 18세기에 발명된 토마스 뉴커먼과 제임스 와트의 증기 기관은 바로 이러한 성질을 이용한 원동기였다. 증기 기관은 실린더로 증기를 보내 피스톤을 직선 왕복 운동시키는 구조였다.

증기로 기계적인 일을 만들 수 있다는 건 18세기보다 한참 전에 이미 알려진 사실이었다. 기원후 1세기에 알렉산드리아의 헤론은 '아이올로스의 공'[7]이라는 장치를 자신의 책에서 자세히 설명했다. 아이올로스는 그리스 신화에서 바람의 신으로 불리는 인물이었다. 아이올로스의 공은 서로 대칭되는 곳에 두 개의 주둥이가 달린 공 모양의 주전자였다. 증기가 주둥이를 빠져나가면서 그 반작용으로 동그란 주전자가 회전하는 원리였다. 또 헤론보다 약 100년 전에 로마의 비트루비우스도 비슷한 장치를 언급했다.

---

6   이수한 정규 교육 과정이라야 초등학교 과정이 전부였으나, 패러데이는 서른세 살 때 1824년에 영국 왕립학회의 회원으로 뽑힐 정도로 뛰어난 과학적 성과를 거두었다. 전자기 유도 법칙으로 유명하지만 사실 패러데이는 본디 화학자였다. 일례로 불에 잘 붙고 휘발성과 독성이 강한 발암물질이기도 한 벤젠을 최초로 발견하고 분리한 사람이 패러데이였다.
20세기 후반 영국의 총리 마가렛 대처는 그런 패러데이를 무척 높이 평가했다. "그가 이룬 업적의 가치는 런던 증권 거래소의 모든 주식의 시가 총액 합보다 크다"고 선언할 정도였다. 패러데이를 자신의 영웅으로 일컬은 대처는 영국 왕립학술원에 있던 패러데이의 흉상을 빌려 와 다우닝가 10번지에 있는 자신의 총리 관저에 가져다 놓을 정도로 진심이었다.

7   헤론 엔진이라고도 알려진 엔진으로 중앙 물통이 가열되면 회전하는, 날개 없는 증기 터빈이다.

이에 따르면 결국 전기를 생산하는 데 필요한 건 회전운동이지 증기 자체가 아니었다. 달리 말해 발전기를 돌리는 데 증기 말고도 다른 매체를 사용하지 말란 법이 없었다. 자연에 이미 존재하는 에너지에서 비롯된 회전 운동을 쓸모 있게 이용한 사례는 역사적으로도 있었다.

그 한 가지가 바로 바람이었다. 바람이 많이 부는 곳에 바람개비, 즉 풍차를 설치하면 축에 연동된 회전 운동을 얻을 수가 있었다. 과거에 풍차로 얻은 축 회전은 물을 끌어 올리거나 곡물을 빻는 용도로 사용되었다. 역사상 확인되는 최초의 풍차는 9세기에 제작된 파네모네라는 장치였다. 파네모네는 오늘날 이란에 해당하는 페르시아의 이슬람교인이 만들었다. 먼저 이슬람 세계에 넓게 퍼진 파네모네는 이후 수 세기에 걸쳐 인도와 중국, 유럽으로 전해졌다.[8]

바람뿐만 아니라 개울이나 강의 흐르는 물도 활용되었다. 물레방아나 수차는 기원전에 이미 중국과 그리스에서 만들어져 사용되었다는 기록이 있다. 물을 퍼 올리는 목적의 수차를 가리켜 무자위라고 부르는 바, 고려 공민왕 때인 1362년

---

8 중국에서 풍차의 기록은 12세기부터 나타났다.

무자위의 제작 필요성을 주장한 기록이 《고려사》에 나오기도 했다.

과거부터 쓰인 풍차나 수차로 전기를 생산하겠다는 발상은 사실 대단한 재주가 필요한 일은 아니었다. 풍력 발전기는 1880년대부터 오스트리아, 스코틀랜드, 미국 등에서 거의 동시에 만들어지기 시작했다. 비슷한 시기에 영국과 미국 그리고 캐나다에서 수력 발전기도 제작, 설치되었다.

수력 발전기의 개발에는 한 가지 새로운 장치가 큰 힘이 되었다. 프랑스의 엔지니어 클로드 뷔르댕이 1822년에 디자인한 고속 회전 기계였다. 이 기계는 기존의 물레방아보다 더 빠르고 힘차게 회전했다. 뷔르댕은 자신의 장치에 '튀르빈'[9]이라는 이름을 지어 붙였다. 영국인들은 이후 뷔르댕의 튀르빈을 그대로 가져와 터빈 혹은 터보라고 불렀다.

그러나 풍력과 수력 발전기는 근본적인 제약이 있었다. 바람이 약하거나 물살이 없으면 작동하지 않는다는 거였다. 특히 이러한 사실은 바다에서 더 문제였다. 육지와는 달리 바다는 한자리에 머무를 일이 별로 없었다. 가령 장사를 위해

---

9   튀르빈turbine은 팽이 또는 소용돌이를 뜻하는 라틴어 투르비넴과 투르보를 프랑스어로 바꾼 표현이다.

짐을 실은 배를 띄우든 전쟁을 위해 군선을 띄우든 배는 돌아다니는 게 기본적인 쓰임이었다.

과거에 돛이나 노로 움직이던 배를 전기 에너지로 움직이겠다는 건 이론적으로 충분히 성립하는 이야기였다. 증기를 이용하는 파슨스의 발전기를 배에 실으면 바람과 물살에 얽매이지 않고 전기를 만드는 게 가능할 터였다. 하지만 현실적으로 채용되기는 어려운 방안이었다.

그럴 만한 이유가 있었다. 파슨스의 발전기에서 나오는 에너지보다 훨씬 더 큰 에너지를 만들 수 있는 장치가 이미 널리 사용되고 있었기 때문이다. 그건 바로 기술적 완성도가 충분히 높아진 증기 기관이었다. 증기 기관의 피스톤 직선 운동을 회전 운동으로 바꾸는 장치를 추가하면 그 힘으로 배를 추진하는 게 가능했다.

뉴커먼의 증기 기관이 등장한 이래로 채 100년이 지나지 않은 18세기 말부터 이를 배의 추진 기관으로 삼으려는 시도가 프랑스, 미국, 영국 등에서 이어졌다. 그러한 시도는 먼저 민간 상업 영역에서 이루어졌다. 일례로 1845년 증기 기관을 이용해 스크루 프로펠러를 돌려 항행하는 증기 철선 그레이트브리튼이 대서양을 14일 만에 건넜다. 그레이트브리튼은

영국의 엔지니어 이점바드 킹덤 브루넬이 디자인한 여객선
이었다.

증기 기관이 민간 항해에서 성공적으로 사용되는 모습을
주의 깊게 보던 곳이 있었다. 전 세계 식민지를 두고 대결을
벌이던 서양 각국의 정부였다. 좀 더 엄밀히 말하면 그들의
해군이었다.

세계 최초의 증기 기관 군선은 미국의 로버트 풀턴이 디
자인한 데몰로고스, 즉 '민중의 이성'[10]이었다. 당시 미국은
먼저 전쟁을 선포하고 영국 영토를 침공한 상태였다. 또한 미
국 해군은 전열함보다는 작지만 본격적인 군함인 프리깃에
증기 기관을 단 미시시피의 취역을 1842년에 완료했다. 미국
해군 준장 매튜 페리는 1852년 일본을 함포로 위협해 개국할
임무를 가지고 출항할 때 미시시피를 기함으로 삼았다.

그러나 누구보다도 증기 기관의 발전에 깊은 관심을 두던
곳은 대양을 지배하던 영국이었다. 1822년에 증기 기관을 단
예인선을 필두로 영국 해군은 차곡차곡 함선에 돛 대신 증기
기관을 채용해 나갔다. 1870년대에는 돛대가 완전히 제거되

---

10 증기 엔진으로 추진된 최초의 군함

어 오직 증기 기관으로만 추진되는 장갑함 데버스테이션이
취역했다.

증기 기관은 여객선과 군함의 추진 엔진으로만 사용된 건
아니었다. 발전기를 돌리는 목적으로도 얼마든지 가져다 쓸
수 있었다. 앞서 이야기했던 데트퍼드에 설치된 기존의 발전
기라는 게 바로 증기 기관 발전기였다. 용량과 효율 면에서
증기 기관 발전기는 파슨스의 발전기를 압도했다.

그런데도 파슨스는 자신에게 기회가 있다고 믿었다. 파슨
스의 발전기라는 게 발전기의 축에 촘촘하게 프로펠러 날개
를 붙여놓은, 말하자면 증기 터빈이기 때문이었다. 즉 증기의
힘으로 군함의 스크루 프로펠러를 직접 돌리면 증기 기관보
다 오히려 여러모로 더 나을 수 있다고 추측한 거였다. 물론
파슨스의 생각일 뿐 실제 데이터는 정반대의 결론을 가리키
고 있었다.

영국 해군과 끈끈한 관계가 되어
큰 회사로 성장한 비커스

영국 해군을 손님으로 만들려는 파슨스의 시도가 터무니없는 일처럼 보일 수 있었다. 군대는 어느 누구보다도 수구守舊 성향이 강한 집단이기 때문이다. 검증되지 않은 일을 벌이다가 잘못되면 치러야 할 대가가 크다는 게 이유였다. 때로는 그 대가가 자기 목숨일 때도 많았다.

예를 들어, 제2차 세계 대전 중인 1941년 영국 해군 중장 란슬롯 홀란드는 전함과 순양전함 각 1척, 중순양함 2척, 구축함 6척으로 구성된 함대를 지휘했다. 그의 함대는 전함 비스마르크와 중순양함 프린츠 오이겐이 전부인 독일 함대와 덴마크 해협에서 맞붙었다. 전투 개시 11분 만에 홀란드의 기함인 순양전함 후드의 장갑이 비스마르크의 주포탄에 뚫리며 탄약고가 폭발했다. 후드는 순식간에 침몰했다. 홀란드는 가라앉는 후드와 운명을 함께했다.

다만 파슨스가 기대해 볼 법한 배경이 존재하긴 했다. 파슨스의 아버지인 윌리엄 파슨스가 영국의 귀족, 즉 로스 백작

3세라는 사실이었다. 공·후·백·자·남의 오등작 귀족 중 위에서 세 번째에 해당하는 백작은 발길에 차이는 흔한 작위가 절대 아니었다.[11] 영국에서 백작 지위는 단순한 명예나 칭호가 아닌, 국가권력에 매우 가까운 자리라는 증명과도 같았다. 일례로 1850년부터 1900년까지 50년 동안 영국 총리를 지낸 여덟 명 중 일곱 명이 귀족이었다.[12]

그러나 기대와 별개로 영국의 귀족 체계는 철저한 장자 상속을 바탕으로 했다. 즉 아버지가 가진 귀족 작위와 영지는 큰아들이 물려받고 딸과 작은아들 들은 혼자 힘으로 살아야 하는 구조였다. 실제로 파슨스의 아버지 로스 백작의 작위와 영지는 열네 살 많은 큰형 로렌스가 모두 차지했다. 파슨스는 자기가 설립한 회사가 망하면 그야말로 인생이 꼬일 위기에 처해 있었다.

---

11   예컨대 19세기 말을 기준으로 영국에는 공작 29명, 후작 30명, 그리고 166명의 백작이 있었다. 하원 의원의 수가 모두 650명인 것을 감안하면 작위를 가진 자의 수는 무척 적은 셈이었다.

12   구체적으로 후작이 한 명, 백작은 다섯 명, 그리고 자작이 한 명이었다. 물론 그중 두 명의 백작, 즉 존 러셀과 벤저민 디즈레일리는 총리에서 물러난 다음 작위를 받은 케이스였다. 한편으로, 총리가 됐다고 해서 무조건 귀족으로 봉해지는 것도 아니었다. 앞에 나온 여덟 명 총리 중 귀족이 아닌 유일한 사람은 영국사에서 가장 위대한 총리로 꼽히는 윌리엄 글래드스턴이었다. 단적으로 제2차 세계 대전을 승리로 이끈 윈스턴 처칠도 죽을 때까지 작위를 받지 못했다.

그래도 팔이 안으로 굽는 게 있을지 몰랐다. 예나 지금이나 군수 업체와 군대 사이에는 끈끈한 관계가 있기 마련이었다. 집안 배경을 동원해 어떻게 해서든 군수 업체가 되면 상황을 유리하게 만들 수 있었다. 앞서 말한 것처럼 군대는 수구 성향이 강하기 때문에 한번 관계가 맺어지면 대개 비즈니스가 끊어지는 일이 드물었다.

대표적인 예가 비커스였다. 1828년에 영국 셰필드에 세워진 비커스는 처음에는 교회 종이나 만들던 평범한 주물 공장에 불과했다. 1860년대부터 선박용 증기 기관의 축과 스크루 프로펠러 등을 만들기 시작하며 기회를 엿보던 비커스는 급기야 1890년대에 군함의 장갑판과 대포, 군함까지 만드는 종합 군수 업체로 발돋움했다.

또한 그중에는 제2차 세계 대전 때까지도 현역으로 수많은 전투에 참가하다 1944년 11월 미국 잠수함 시라이언에 의해 격침된 일본 해군의 순양전함 곤고도 포함되어 있었다.

그게 끝이 아니었다. 1901년에는 영국 해군의 첫 번째 잠수함을 건조했고 1910년대에는 군용기 제작에도 뛰어들었다. 제1차 세계 대전 직전인 1914년의 광고를 보면 비커스는 영국 해군의 만재배수량 3만 1천 톤급 순양전함 프린세스 로

열, 최신 기관총, 4.7인치 해군 속사포, 자동 기뢰, 온갖 종류의 포탄과 폭약 등을 만든다고 자랑스럽게 나열했다.

무기 제조를 독점하다시피 한
윌리엄 암스트롱의 좌절

파슨스가 군수 비즈니스로 성장한 비커스의 사례를 몰랐을 리는 없었다. 하지만 그보다 더 직접적인 영감을 받은 회사는 따로 있었다. 비커스에게 라이벌 이상의 존재였던 암스트롱이었다. 암스트롱이라는 이름은 영국인들에게 '팔 힘이 센'이라는 말로 들렸다. 무기 회사의 이름으로 이보다 더 딱 맞는 이름은 없을 듯했다.

암스트롱이 설립된 때는 비커스보다 19년 늦은 1847년이었다. 그렇지만 군수 비즈니스에 뛰어든 건 비커스보다 30여 년 앞섰다.[13] 더 결정적으로 파슨스는 암스트롱의 엔지니어로

---

13 비커스는 다른 사업을 하다가 이후(1888년) 무기 개발 및 제조를 시작하게 되었다. 그와 달리 암스트롱은 설립 초기(1855년)부터 대포 개발에 나섰기 때문이다.

일한 적이 있었다. 케임브리지대학교를 졸업하고 취직한 첫 번째 직장이 바로 그곳이었다. 파슨스는 거기서 4년간 일하고 키슨으로 옮겼다.

그런데 쉽게 헤아리기 어려운 사실이 하나 있었다. 회사 암스트롱을 세운 윌리엄 조지 암스트롱은 원래 변호사였다. 그는 변호사 자격만 있었던 것이 아니라 실제로 1835년부터 11년간 법무 법인의 파트너, 즉 이익을 나눠 갖는 구성원 변호사로 일했다.

그러나 암스트롱의 심장과 머리는 다른 곳에 가 있었다. 법과 전혀 관련이 없는 엔지니어링이었다. 암스트롱은 이미 1840년에 증기를 분출해 정전기를 만드는 방법을 알게 되어 패러데이에게 편지를 쓸 정도였다. 1843년에는 그 원리를 이용한 기전기를 여러 대 만들어 시연도 했다.

또 암스트롱은 1845년 수력으로 작동하는 기중기를 고안해 냈다. 그가 디자인한 기중기는 기존 기중기보다 성능과 경제성이 확연히 뛰어났다. 암스트롱의 수력 기중기를 제조 판매하려고 만든 게 바로 회사 암스트롱이었다.

1850년에 45대가 팔린 암스트롱의 수력 기중기는 1853년에 100대를 넘길 정도로 시장의 히트 제품이었다. 수력 기계와 다리 건설로 사업 영역을 넓힌 회사 암스트롱의 성장세는 탄탄했지만 가속도가 있는 건 아니었다.

바로 그때 크림 전쟁이 발발했다. 1853년 10월 영국과 프랑스의 군사 지원 약속을 얻은 튀르키예는 러시아에 전쟁을 선포했다. 약 한 달 뒤 흑해의 시노프 항구에 정박해 있던 12척의 튀르키예 함대는 공격해 오는 11척의 러시아 함대를 상대하게 되었다.

체급이 낮은 프리깃이 주력인 데다가 1823년 프랑스의 포병 장교 앙리조세프 펙상이 개발한 작열탄, 즉 폭발하는 포탄을 해전에서 최초로 얻어맞은 까닭에 튀르키예 함대는 풍비박산 났다. 겨우 도망치는 데 성공한 1척의 소형 증기 프리깃만 빼고 11척이 침몰된 반면 러시아는 1척도 잃지 않았다.

크림 전쟁은 암스트롱에게 변곡점과도 같았다. 1854년 영국과 프랑스는 함대와 육군을 보내 전쟁에 개입했다. 암스트롱은 영국 육군이 야포를 이동할 때 그 무게 때문에 어려움이 많다는 신문 기사를 읽게 되었다. 이에 흥미가 생긴 암스트롱은 당시 영국의 전쟁 장관 헨리 펠럼클린튼에게 접근했다. 영국군이 사용하는 기존 포보다 더 가볍고, 기동성이 좋으며, 사정거리가 멀고, 정확하기까지 한 야포를 개발하겠다는 말을 전하기 위해서였다.

그리고 암스트롱은 그 말을 지켰다. 1855년에 개발된 암스트롱의 5파운드 포는 신기술의 결정체였다. 먼저 포탄을 포미에서 장전하는 후장식을 채용하였고 주철이나 청동보다 더 큰 발사 압력을 견딜 수 있는 연철로 포신을 만들었다. 또 포신 내부에 연철 코일을 끼워 강선을 구현하였고 포탄이 발사되는 포구 쪽에 가까울수록 포신의 안쪽 지름이 작아지는 이른바 스퀴즈 내경도 사용했다. 게다가 포탄의 정확성을 높이고자 포탄을 공 모양에서 한쪽 끝이 뾰족해지는 원통 모양으로 바꿨다.

1855년에 행해진 시험 평가에서 암스트롱 포는 우수성을 인정받았다. 깊은 인상을 받은 영국 정부, 특히 영국 해군은 대형포도 개발하라고 요구했다.

암스트롱은 6파운드에서 110파운드에 이르는 다양한 포도 몇 년에 걸쳐 개발하는 데 성공했다. 여기서 110파운드라는 말은 탄두 무게가 110파운드, 즉 약 50킬로그램이라는 뜻이었다. 1858년의 성능 시험 후 영국 정부는 암스트롱 포가 모든 경쟁 포보다 우월하다고 선언했다.

그러나 그사이 크림 전쟁은 끝나버렸다.[14] 물론 그 사실이 암스트롱에게 걱정거리는 아니었다. 제국주의 영국에 전쟁이 끊일 일은 없기 때문이다. 1856년 영국은 청을 상대로 모든 청 영토의 개항과 자유 무역, 아편 수입의 합법화, 관세의 폐지 등을 요구했다. 급기야 같은 해 10월 영국 해군은 꼬투리를 잡아 2차 아편 전쟁에 돌입했다. 곁다리로 프랑스와 미국도 영국 편에 참전한 제2차 아편 전쟁은 1860년까지 계속되었다. 암스트롱의 12파운드 포는 제2차 아편 전쟁에서 위력을 떨쳤다.

당시 암스트롱의 결정은 지금의 기준으로 보면 선뜻 이해되지 않았다. 암스트롱은 야포에 관한 자신의 특허를 영국 정부가 무상으로 사용할 수 있도록 했다. 쉽게 말해 왕립 울리치 공장에서 자신이 개발한 포를 돈 내지 않고 제조할 수 있게 한 거였다. 비즈니스 관점에서 암스트롱의 행동은 말도 안되는 일이었다.

사실 암스트롱은 그보다 더 큰 그림을 그리고 있었다. 왕실의 신임을 얻어 사업을 독점하는 것이었는데, 실제 그 밑거름이 될 만한 일들이 벌어졌다.

14   크림 전쟁은 1856년 2월 종료되었다.

암스트롱이 기특했던 영국의 빅토리아 여왕은 귀족은 아니지만 그래도 폼 나는 기사 작위를 그에게 내렸다. 또한 그는 울리치의 포 공장 감독관이라는 비상근 지위를 얻었다. 1859년 암스트롱은 자신의 야포를 제조할 '엘스윅'이란 포 회사를 세웠다. 영국 정부의 불안감을 잠재우고자 엘스윅의 포는 오직 영국 정부만 살 수 있다는 조건도 받아들였다. 이제 땅 짚고 헤엄칠 일만 남은 셈이었다. 암스트롱의 신규 사업은 하늘 높이 날아오르는 게 당연했다.

하지만 이후에 벌어진 일은 암스트롱을 포함해 모두의 예상을 뒤엎었다. 영국 포병은 포미에서 포탄을 장전하는 암스트롱 포를 싫어했다. 그동안 쓰던 포구로 포탄을 장전하는 전장식 포가 익숙하다는 이유였다. 아직 후장식 포 제작 기술이 충분히 여물지 않아 불발되거나 심지어는 간혹 폭발 사고가 나기도 했다. 암스트롱 포의 분당 발사 속도가 전장식 포보다 압도적으로 빨라도 소용이 없었다.

게다가 영국 포병은 암스트롱의 강선포가 기존에 쓰던 활강포, 즉 강선이 없는 민짜 포보다 못하다고 주장했다. 강선포가 활강포보다 더 정확한 건 의심의 여지가 없었다. 하지만 그들에게는 그게 오히려 약점이었다. 일례로 한 포병은 이렇게 말했다. "강선포로 날 쏘면 나는 강선포가 조준한 좁은 지역만 벗어나면 안전하지. 하지만 활강포로 날 쏘면 난 어디로 도망쳐도 안전하지 않거든."

또 다른 변수는 암스트롱의 경쟁자라 할 수 있는 조지프 휘트워스였다. 암스트롱보다 일곱 살 많은 휘트워스는 영국 육군의 제식 소총 1853년식 엔필드를 대신할 전장식 소총을 1857년에 개발한 사람이었다. 정확도가 뛰어났던 휘트워스 소총은 미국 남북 전쟁에서 남군의 저격병이 애용했다. 일례로 북군 전사자 중 계급이 가장 높았던 의용군 소장 존 세지윅이 바로 휘트워스 소총에 당했다. 하지만 역시 아이러니하게도 영국은 값이 비싸고 총신에 화약 찌꺼기가 더 쉽게 쌓인다는 이유로 휘트워스 소총을 사지 않았다.

암스트롱과 비슷한 시기에 휘트워스 역시 후장식 강선포를 개발했다. 휘트워스의 포는 그러나 암스트롱 포보다 열등하다는 평가를 받고 버려졌다. 영국 정부에 영향력이 있었던 휘트워스는 암스트롱의 포가 사용하기 어렵고 위험하며 정비에 손이 많이 가고 비싸기까지 하다고 공격했다. 1862년 영국 정부는 암스트롱 포의 주문을 취소하고 추가 구입마저 중단했다. 1865년 포 선정위원회는 후장식을 버리고 기존의 전장식 포로 되돌아가기로 결정했다.

낙동강 오리알이 된 암스트롱은 1864년에 엘스윅을 회사 암스트롱과 합병했다. 미안한 마음이 없지 않았던 영국 정부는 암스트롱 포의 수출 제한은 없애주었다. 재고로 쌓여 있던 암스트롱 포는 소량이 미국 남군에 팔렸다. 남북 전쟁 이후에는 그중 일부가 일본에 팔려 1868년 천황파 군대가 막부 군대와 전쟁할 때 쓰였다. 이것으로 암스트롱이 큰돈을 벌었을 리는 없었다.

결과가 정해져 있지 않다는 것이
비즈니스의 본질

세상일이 언제나 잘되면 좋겠지만 그런 일은 현실에서 쉬이 일어나진 않는다. 모든 권력을 가진 황제도 언제나 원하는 걸 갖지는 못했다.

일례로 기원전 3세기에 중원을 통일한 진시황은 늙지 않게 해 주는 약을 구하고 싶었지만 실패하고 49세에 요절했다. 기원전 326년 마케도니아의 알렉산드로스 3세는 부하들의 항명으로 인도 북부의 왕국 마가다를 건드리지도 못했다. 보르지긴 테무진, 즉 칭기즈칸도 1203년 칼라칼지드 사막 전투에서 크게 패했다.

경영과 비즈니스도 마찬가지다. 경영자가 아무리 뛰어나도 결과가 항상 좋은 건 아니다. 전설적인 스티브 잡스도 하는 일마다 성공한 건 아니었다. 일례로 2001년 잡스는 극비로 취급되던 딘 케이먼의 이륜 전동차, 세그웨이를 타보고는 푹 빠졌다. 그는 "개인용 컴퓨터만큼 의미심장한 것"이라고 말할 정도로 세그웨이의 가능성을 크게 봤다. 잡스는 케이먼의 회사인 데카에 630억 원을 투자하고 또 데카의 이사회에도 들어가겠다고 제안했다. 단순히 자본을 대는 데 그치지 않고 자신의 머리까지 세트로 빌려주겠다는 뜻이었다.

잡스의 기대가 무색하게도 케이먼은 거절했다. 뜻대로 되지 않자 잡스는 돈을 받지 않는 비공식 자문 역할이라도 좋다고 떼를 썼지만 그마저도 거절당했다. 잡스가 원하던 대로 투자나 자문이 이루어졌다면 나중에 더 큰 망신을 당했을 뻔한 일이었다.[15]

세상사는 크게 보아 운과 기량의 두 가지의 조합으로 이루어진다. 운의 존재는 이미 오래전부터 서양과 동양을 막론하고 공히 인정되어 온 바다. 대표적인 예가 18세기 청의 포송령이 쓴《요재지이》다. 요재는 포송령의 어렸을 때 이름이고 지이는 기이한 기록을 의미한다.《요재지이》는 서양에서 '동양의 아라비안 나이트'로 이름이 높다. 홍콩 배우 장국영과 왕조현이 주연한 영화 '천녀유혼'도《요재지이》에 나오는 이야기를 원작으로 했다. 거기에는 운에 관한 다음 이야기가 나온다.

한평생 과거에 떨어진 한 사람이 스스로 목을 매려다 갑자기 억울한 마음이 들어 옥황상제에게 따졌다. 그의 하소연을 들은 옥황상제는 운명의 신의 주량이 정의의 신보다 더 많으면 체념하겠냐고 물었다. 그는 그러겠다고 답했다. 내기에서 정의의 신은 석 잔을 마시고 취한 반면 운명의 신은 일곱 잔을 거뜬히 마셨다. 옥황상제는 "세상은 운명이 7할이고 이치는 3할에 지나지 않는다"고 꾸짖고는 그를 다시 돌려보냈다.

15 차세대 최첨단 이동 수단으로 각광을 받았으나, 결과적으로 대중의 선택을 받지 못하고 소수의 앞선 사용자만 만드는 데 그쳤다. 세그웨이는 2015년 중국의 나인봇에 인수되었다.

어디선가 한번쯤 들어본 '운칠기삼', 운의 비중이 일곱이면 기량은 셋에 지나지 않는다는 말이 여기에서 유래한 말이다.

운을 잘못 이해하는 사람이 적지 않다. 운을 이해하는 가장 좋은 방법은 운이 아닌 것을 구분하는 거다. 운이 아닌 게 바로 기량이다. 즉 운과 기량은 서로 교집합이 없다. 달리 말해 운은 기량이 아닌 모든 것을 의미한다.

기량은 개인이나 회사가 가질 수 있는 것이다. 기량은 연습이나 훈련을 통해 키울 수 있다. 예를 들어 코딩 실력은 코딩을 하면 할수록 늘어난다. 반면 운은 나의 외부에 존재하므로 내가 영향을 줄 수 없다. 일례로 양궁 금메달리스트가 아무리 과녁 한가운데를 겨냥하고 쏴도 갑자기 바람이 불면 화살은 옆으로 밀린다. 양궁 점수에는 운이 끼기 마련이라는 뜻이다.

분야에 따라 운의 비중은 다르다. 가령 올림픽 결승에 참가하는 100미터 달리기 선수의 기록은 거의 기량이라고 봐도 무방하다. 반대로 카지노의 슬롯머신은 거의 운이다. 비즈니스는 어떨까? 100퍼센트 운이라거나 100퍼센트 기량이라고 보기는 어렵다. 운과 기량이 모두 개입된다고 보는 게 타당하다.

비즈니스에서 운의 존재를 인정한다면 다음으로 경영에서 할 수 있는 일은 그 운의 세기를 나타내는 거다. 운이 존재하지 않는다면 모든 프로젝트는 기획한 대로만 흘러갈 거다. 현실은 그렇지 않다. 그러므로 가령 프로젝트가 실패할 가망성을 악운의 세기로 보는 건 이치에 어긋나지 않는다.

어떤 일이 벌어질 가망성의 정도를 나타내는 도구는 다행히도 이미 우리 손에 있다. 바로 확률이다. 확률은 어떤 일의 발생이 절대로 확실하면 1로, 반대로 절대 일어날 수 없으면 0으로 정의된다. 운의 세기에 따라 현실의 확률은 0과 1 사이의 어떤 값이 된다.

비즈니스에서 성공을 100퍼센트 확신하는 건 한마디로 오만이다. 그러한 확신은 커다란 실패나 재앙의 전주곡이다. 비즈니스에 운이 개입되지 않아서 기량이 모든 결과를 좌우한다면 성공의 확신이 정당화될지 모른다. 운이 끼기 마련인 실제의 비즈니스는 그럴 수 없다.

비즈니스에 운이 있다는 건 나쁜 소식만은 아니다. 다른 사람 모두가 절대 성공할 리 없다고 말하는 절망적인 상황에서도 포기하지 않을 이유가 될 수 있기 때문이다. 그래야 할 이유가 있다면 운에 의지해 계속 시도하는 것이 꼭 비난받을 일은 아니다. 진화론의 적자생존도 가장 우수한 종이 이긴다는 뜻이 아니라 바뀐 환경에 운 좋게 적응한 종이 살아남는다는 의미라서다. 이처럼 내가 하려는 일의 결과가 절대로 확실한 건 아니라는 겸손한 생각은 확률 경영의 첫 번째 출발점이다.

1897년 4월, 파슨스는 영국 왕립 해군기술원에 자신의 증기 터빈을 설명하는 상세한 자료를 제출했다. 증기 터빈을 만든 지 13년 만이고 자신의 세 번째 회사인 해상 증기 터빈 회사를 세운 지 3년 만의 일이었다. 파슨스는 증기 터빈이 영국 해군이 쓰던 증기 기관보다 함선의 엔진으로서 더 우수하다고 주장했다. 증기의 압력으로 직접 스크루 프로펠러 축을 돌리기 때문에 석탄을 덜 쓰고 정비에도 손이 덜 가며 증기 기관의 왕복 운동에서 발생하는 진동도 거의 없어진다는 거였다.

해군 제독, 영국 조선소의 엔지니어, 상선 회사 대표 등을 망라한 왕립 해군기술원 위원회는 파슨스의 자료에 별다른 인상을 받지 못했다. 200여 개에 달하는 온갖 증기 터빈 특허 중 실제로 작동하는 건 하나도 없었다는 게 그간 그들이

겪어 온 경험의 결과 값이었다. 그들은 파슨스가 제출한 자료가 "주장한 장점들을 보증하기에는 충분하지 않다"고 결론 내렸다.

영국 해군을 손님으로 만들려는 파슨스의 시도는 이렇게 실패로 끝났다. 막강한 집안 배경에도 불구하고 운은 파슨스의 편이 아니었다.

빅토리아 여왕 즉위 60주년 기념
관함식의 전설

파슨스는 자신의 시도가 반드시 성공한다고 생각하지는 않았다. 그는 무모하게 성공을 철석같이 믿다가 그대로 허물어지는 그런 사람이 아니었다. 파슨스에게는 다음 계획이 있었다.

1897년은 영국의 빅토리아 여왕이 즉위한 지 만 60년이 되는 해였다. 영국 왕 중 60년을 재위한 사람은 그때까지 아무도 없었다. 60주년을 서양에서는 다이아몬드 주빌리Diamond Jubilee라고 불렀다. 원래 양뿔로 만든 나팔을 뜻하는 단어였던 주빌리는 구약에서 50년마다 모든 빚을 무효로 만드는 걸 상징하는 단어였다.

1897년 6월 26일, 당시 78세인 빅토리아 여왕의 다이아몬드 주빌리를 기념하는 관함식이 열릴 예정이었다. 관함식이란 왕이 해군 함대를 사열하는 비정기적인 의식이었다. 15세기에 시작된 영국의 관함식은 영국 해군의 모항인 포츠머스의 앞바다, 즉 스핏헤드에서 열리는 게 관례였다.

때가 때이니만큼 이때의 관함식 규모는 이전에 치러진 영국의 모든 관함식을 압도했다. 소형의 어뢰정까지 포함해 총 212척의 현역 영국 해군 함선 중 165척이 이날 행사를 위해 스핏헤드에 모여들었다. 특히 영국 해군의 꽃이라 할 수 있는 30척의 전함 중 21척이 포함되었다. 약 8킬로미터의 길이에 네 줄로 도열한 이들 함선은 '제국의 심장을 지키는 방벽'이었다.

이 함선의 대열에 길이 32미터, 배수량은 45톤에 불과한 조그만 배가 달라붙었다. 대수롭지 않게 보이는 이 배는 1만 4천 톤급 1급 방호순양함 파워풀의 배꼬리에 숨었다. 비커스가 건조하고 최고 속도가 시속 41킬로미터인 파워풀은 바로 18일 전에 취역한 최신의 군함이었다.

증기 기관으로 추진되는 여왕의 전용 요트 빅토리아 앤드 알버트가 파워풀 옆을 사열하며 지나갈 때였다. 갑자기 뭔가가 튀어나왔다.

파워풀 뒤에 숨어 있던 조그만 배였다. 워낙 작았고 비무장으로 보여 큰 위협일리는 없지만 혹시 모를 일이었다. 영국 해군의 초계정들이 조그만 배를 유도하고자 움직이기 시작했다.

그러자 조그만 배는 해상 전신으로 '전속력'을 타전했다. 그리고 엔진의 출력을 최대로 올렸다. 파슨스의 증기 터빈으로 추진되는 배 터비니아의 전설이 시작되는 순간이었다.

터비니아는 시속 63킬로미터의 속도로 영국 해군 함선 사이를 마음껏 오갔다. 그에 비해 터비니아를 쫓는 초계정의 속도는 기껏해야 시속 22킬로미터 정도였다. 불쌍한 초계정들은 시속 40킬로미터 이상의 속도 차이 때문에 하릴없이 희롱당할 뿐이었다.

그 광경을 지켜보던 한 사람은 터비니아가 "마법에 걸린 듯 바다를 찢어발겼다"고 말했다. 시속 63킬로미터라는 터비니아의 최고 속도는 당시 영국 해군을 통틀어 제일 빠른 함정인 290톤급 어뢰정 구축함 데어링의 시속 52킬로미터도 능가하는 것이었다.

파슨스의 바람과 달리 하필이면 그날 빅토리아 여왕은 건강상의 이유로 관함식에 참석하지 않았다. 상관없었다. 나중에 에드워드 7세가 될 빅토리아 여왕의 큰아들 웨일스 왕자가 빅토리아 앤드 알버트에 대신 타고 있었기 때문이다. 터비니아의 당돌한 묘기를 보고도 아무것도 하지 않는다면 그야말로 애국심 결여로 처벌받아야 할 일이었다.

그로부터 2년 뒤인 1899년 영국 해군은 350톤급 어뢰정 구축함 바이퍼를 취역시켰다. 파슨스의 증기 터빈으로 추진되는 세계 최초의 군함 바이퍼는 시속 68킬로미터를 너끈히 기록했다. 근해와 대양을 횡단하는 여객선이 뒤따라 증기 터빈을 채용하기 시작했다. 밀려드는 주문 덕에 파슨스는 돈방석에 앉게 되었다.

마침내 1906년 영국 해군은 증기 터빈을 단 신규 전함을 취역시켰다. 만재배수량 2만 1천 톤에 12인치 주포 10문을 장비하고도 시속 39킬로미터의 속도가 나는 드레드노트였다.

드레드노트는 세계 각국의 모든 전함을 단숨에 2선으로 물러나게 만든 괴물이었다. 그 충격이 얼마나 컸을지는 드레드노트보다 단 두 달 전에 취역했던 미국 전함 코네티컷의 제원을 보면 알 수 있었다. 2기의 증기 기관으로 추진되는 코네티컷은 만재배수량 1만 8천 톤에 12인치 주포가 4문에 불과한데도 최고 속도가 시속 34킬로미터에 그쳤다. 즉 코네티컷 같은 전함은 드레드노트와 대결하면 일방적으로 얻어맞고 바닷속 고철이 될 신세였다.

21세기를 살아가는 사람들에게 증기 터빈은 그저 과거의 유물처럼 느껴질지 모른다. 하지만 그건 대단한 착각이다. 오늘날에도 증기 터빈은 여전히 중요한 역할을 맡고 있기 때문이다. 단적으로 원자력 발전소에서 전기를 만들어내는 부분은 파슨스가 디자인했던 증기 터빈과 근본 원리가 똑같다. 단지 석탄을 때서 물을 끓이던 부분이 핵분열 반응에서 나오는 열을 사용하는 걸로 바뀌었을 뿐이다. 2017년에 취역한 미국의 최신 핵 추진 항공모함 제럴드 포드도 결국은 증기 터빈으로 바다를 항행한다.

직접 물어볼 길은 없지만 터비니아의 놀라운 묘기가 반드시 성공할 거라고 파슨스가 생각했을까? 그랬을 가능성은 별로 높지 않다. '반드시'와 '절대로'는 운을 인정하는 마음가짐과 같이 가기 어려운 단어기 때문이다. 그보다는 성공할 확률이 높은 방법을 찾는 과정에서 관함식 장을 헤집어놓자는 생각을 했을 가능성이 크다.

더 중요하게는 관함식 장의 시도가 실패로 끝났어도 파슨스는 꺾이지 않았을 터다. 영국 해군이 움직이지 않으면 그때는 미국 해군이나 독일 해군에게 파는 길이 남아 있었기 때문이다.

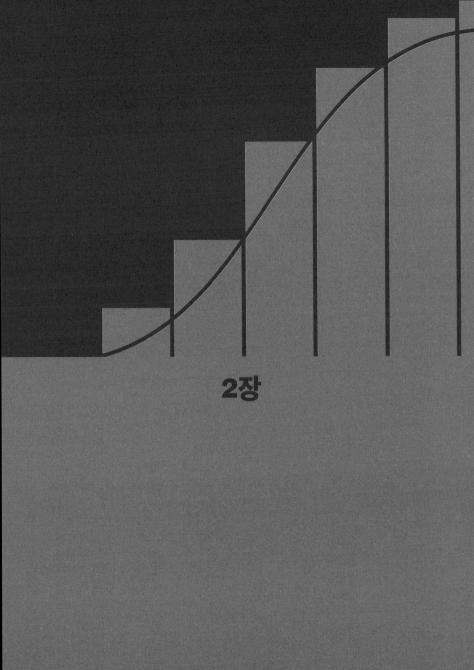

2장

결과를 빈도와 함께
고려한다

변호사 일을 지루하게 여긴
금융인의 다음 행보

뉴욕대학교를 졸업한 레슬리 알렉산더의 다음 계획은 로스쿨 진학이었다. 알렉산더는 브루클린 로스쿨을 골랐다. 브루클린 로스쿨의 변호사 시험 합격률 순위는 뉴욕 주의 15개 로스쿨 중 밑에서 세는 게 빠를 정도니, 알렉산더가 미국 연방 대법원 판사를 꿈꾸는 건 아니라는 게 확실했다.

그러나 알렉산더의 계획은 생각하지 못한 장애물에 부딪혔다. 아버지가 돌아가시면서 그가 집안의 생계를 책임져야 했기 때문이었다. 알렉산더는 일단 로스쿨을 휴학하고 월가에서 직장을 구했다. 그의 첫 직장은 로렌스 코트킨이라는 사람들이 잘 모르는 금융 회사였다. 비록 골드만삭스는 아니었지만 알렉산더는 거기서 몇 년간 채권과 옵션을 트레이딩하며 한몫 잡았다. 무엇보다도 알렉산더는 이 기간에 '쌀 때 사서 비쌀 때 판다'는 금융의 원리를 익혔다.

돈 버는 일에 익숙해질 무렵 변동이 생겼다. 로렌스 코트킨의 옵션 비즈니스를 탐낸 더 큰 금융사가 로렌스 코트킨을 인수해 버린 거였다. 알렉산더는 묻어두었던 꿈을 다시 꺼냈다. 변호사 자격이었다.

알렉산더는 캘리포니아에 위치한 그다지 알려지지 않은 토마스 제퍼슨 로스쿨에 들어갔다. 그리고 꿈꾸던 대로 변호사가 되었다. 하지만 막상 해 보니 변호사 생활은 생각보다 지루했다. 알렉산더는 2년 만에 변호사 일을 접고 자신의 금융 회사를 차렸다. 그의 나이 서른일곱 살 때였다.

그로부터 13년 후, 그때까지 거의 무명에 가깝던 알렉산더의 이름이 갑자기 언론에 등장했다. 미국 프로농구 구단 휴스턴 로키츠를 1,020억 원에 샀다는 기사였다. 나이 오십에 금융업을 그만두고 갑자기 스포츠 업계로 뛰어든 거였다. 알렉산더가 그동안 쌓아온 경력 중 프로든 아마추어든 스포츠 관련 일은 없었다.

사실 프로농구 구단을 운영하는 데 꼭 운동선수로 뛴 경험이 필요한 건 아니었다. 당장 알렉산더에게 로키츠를 판 이전 구단주 찰리 토마스도 스포츠와 관련이 없기는 매한가지였다. 토마스는 원래 자동차 영업 사원이었다.

이후 자동차 판매 회사를 사들인 토마스는 15년 만에 로키츠를 동업자 한 명과 함께 인수했다. 지분이 많지 않았던 토마스의 동업자는 얼마 후 자기 지분을 모두 정리했다. 자동차 판매 말고는 아는 게 별로 없었지만 토마스는 구단의 구성원들에게 사랑을 받았다.

토마스가 인수하기 전까지 휴스턴 로키츠는 10년간 구단주가 다섯 번 바뀌는 굴곡진 신세였다. 그건 49년간 26명의 황제가 등장한 3세기 로마의 상황에 비견될 만한 혼란 그 자체였다. 그랬던 구단을 사서 11년간 유지했으니 그것만으로도 감사할 일이었다.

토마스가 구성원들에게 사랑받은 까닭은 단지 오랫동안 구단을 팔고 나가지 않았다는 사실 때문만은 아니었다. 토마스 부부는 선수들이 구단을 가족처럼 느끼도록 많은 신경을 썼다. 팀의 성적도 그렇게 나쁘지는 않아서 그가 구단주로 있는 동안 최종 결승에 한 번 올라가기도 했다.

그러다가 나이가 든 토마스는 손주들과 더 많은 시간을 보내고자 구단을 파는 결정을 내렸다. 그는 알렉산더에게 구단을 파는 계약서에 서명을 한 다음 곧바로 팀의 주축 선수인 하킴 올라주원에게 전화를 걸어 "나는 그만뒀어요. 더 이상 난 당신을 위해 일하지 않아요."라고 말했다. 고마움과 미안함, 가족처럼 생각한 선수에 대한 예우인 셈이었다. 실제로 토마스가 그 선수에게 고마워할 이유가 없지는 않았다. 그가 구단을 사는 데 들였던 132억 원이 11년 만에 약 여덟 배로 불어났기 때문이었다.

새롭게 휴스턴 로키츠의 구단주가 된 알렉산더는 기본적으로 운이 좋은 사람이었다. 구단주가 되자마자 첫해와 그다음 해에 연달아 팀이 최종 우승을 차지했다. 그 뒤로도 매년은 아니었지만 꾸준히 어느 정도 성적을 냈다.

구단을 사는 데 든 비용도 과하다고 볼 건 아니었다. 같은 해에 주인이 바뀐 지역 라이벌 구단인 샌안토니오 스퍼스보다 약 100억 원 정도 더 들기는 했지만 1,020억 원이라는 가격은 2년 전에 팔린 올랜도 매직의 가격과 같았다.

그렇게 12년이 흐른 어느 날, 알렉산더는 뭔지 모를 답답함을 느꼈다. 일단 매출이 정체되는 기미가 있었고 영업 이익률도 뚝 떨어지는 모양새라는 게 한 가지 이유였다. 팀이 내는 성적과 어느 정도 비례 관계를 갖는 프로농구 구단의 비즈니스 모델을 고려하면 그 해의 비즈니스 성과를 이해 못할 바는 아니었다. 팀의 기둥이라 할 만한 야오밍과 트레이시 맥그레이디가 시즌 도중 부상으로 이탈했으니, 좋은 성적은 물 건너간 지 오래였다.

그렇지만 그게 답답한 이유의 전부는 아니었다. 구단주로서 알렉산더는 자신의 팀이 놓치는 게 있지는 않나, 걱정되었다. 몇 년 전부터 몰아닥치기 시작한 하나의 트렌드에 뒤처지면 안 된다는 절박함 비슷한 걸 알렉산더는 내내 느끼고 있었던 거였다. 그 트렌드는 승리에 도움이 될 새로운 통계 지표를 발굴하는 일이었다.

이유에 관한 분석이 끝나자 알렉산더는 행동에 나섰다. 그걸 직접 할 기량이 자기에게 없으니 대신 잘할 수 있는 사람을 뽑는 일부터 시작했다. 하지만 막상 시작하고 보니 쉽지 않았다. 일단 그런 사람이 좀처럼 눈에 띄지 않았고, 억지로라도 끼워 맞춰 보고 싶은 몇 안 되는 후보자는 하나같이 알렉산더의 제안을 거절했다.

하는 수 없이 알렉산더는 서른세 살의 지원자를 일단 단장보로 뽑았다. 1년간 검증한 단장보의 기량이 마음에 들었던 알렉산더는 그를 다음 해 단장으로 승진시켰다. 그 소식에 리그 전체가 시끌시끌해졌다. 그때까지 미국 프로농구, 즉 엔비에이NBA에서 그런 경력을 가진 사람이 단장으로 선임된 적은 한 번도 없었기 때문이었다. 그럴 만했다. 그가 이전 직장에서 하던 주 업무는 입장권 가격 결정이었다.

빌리 빈, 마이클 루이스 혹은
브래드 피트의 머니볼

로키츠의 새로운 단장이 된 대릴 모리는 어려서부터 숫자에 관심이 많았다. 자라면서 컴퓨터를 접한 모리는 컴퓨터야말로 숫자를 편하게 다룰 수 있는 도구라 생각했다. 시카고 근방의 노스웨스턴대학교에 진학해서 컴퓨터 과학을 전공으로 택한 이유도 그거였다. 또한 숫자에 관심이 많은 탓에 이진법으로 구성된 기계어 이상으로 다채로운 숫자를 다루는 통계학에도 자연스럽게 끌렸다.

다만 모리는 컴퓨터 자체보다는 숫자를 더 배우고 싶었다. 매사추세츠기술원 슬론 경영대학원에서 석사 과정을 마친 모리는 경영 전략 컨설팅 회사인 베인에서 일했던 사람들이 만든 컨설팅 회사에 들어갔다. 모리가 받은 학위는 경영학 석사는 아니었으나, 오히려 아닌 쪽이 숫자에 집중하기에는 더 유리했다.

키가 193센티미터인 모리는 고등학교 때 여러 스포츠 종목의 학교 선수였지만 대학 선수로 뛸 수준은 아니었다. 그는 운동 이상으로 거기서 파생되는 숫자 데이터를 좋아했다. 대학 1학년 때 여자 친구와 첫 데이트를 하면서 몇 시간 동안 야구에 관련된 데이터 얘기만 떠들어댈 정도였다. 다행히도 모리와 나중에 결혼할, 당시의 여자 친구 엘렌은 모리의 그런 이야기를 전혀 지루해하지 않았다. 알고 보니 엘렌 역시 어려서부터 뉴욕 메츠의 열성팬이었다.

모리가 컨설팅 회사에서 일하던 2000년대 초반, 미국의 프로 야구계는 일종의 열병을 앓고 있었다. 캘리포니아 오클랜드를 연고지로 하는 프로야구단 애슬레틱스에 대한 뜨거운 관심이었다.

1901년에 창단된 애슬레틱스는 미국 프로야구, 즉 메이저 리그에서 가장 전통 있는 팀 중 하나였다. 뉴욕 양키스나 보스턴 레드삭스 등과 같은 해에 창단된 애슬레틱스는 1972년부터 1974년까지 3년 연속을 비롯해 1989년까지 모두 아홉 번의 월드시리즈 우승을 차지했다. 이 숫자는 현재까지 서부의 라이벌 구단인 샌프란시스코 자이언츠가 우승한 횟수인 여덟 번, 로스앤젤레스 다저스의 일곱 번보다 앞서는 기록이었다.

그런 애슬레틱스가 1980년 매물로 시장에 나왔다. 1960년부터 구단을 운영했던 찰스 핀리가 이혼 위기에 처한 탓이었다. 위자료가 필요했던 핀리는 연고지를 덴버로 옮기는 조건으로 사겠다는 사람에게 애슬레틱스를 팔려고 했다. 하지만 그걸 월터 하스가 막았다. 하스는 약 150억 원을 핀리에게 치르고 애슬레틱스를 오클랜드에 남게 했다.

청바지 회사 리바이스의 회장이었던 하스는 오클랜드를 비롯한 버클리 주변 지역을 아꼈다. 하스의 엄마인 엘리스 스턴은 리바이스 창업자 리바이 스트라우스의 둘째 조카의 하나뿐인 딸이었다. 결혼을 하지 않고 죽은 스트라우스는 모든 유산을 조카들에게 남겼던 바, 그 결과로 스트라우스의 회사와 막대한 재산을 하스가 물려받게 되었다.

팀에 애정이 많았던 하스는 야구단을 위해 아낌없이 돈을 썼다. 이에 힘입어 애슬레틱스는 1988년부터 1990년까지 3년 연달아 월드시리즈에 올랐다. 당시 애슬레틱스는 호세 칸세코, 리키 헨더슨, 데니스 에커슬리 등을 앞세워 리그를 호령했다. 1991년에는 메이저리그 모든 팀 중에서 가장 선수단 연봉이 많은 팀이 되기도 했다.

1995년, 애슬레틱스에 시련이 찾아왔다. 하스가 암으로 죽은 탓이었다. 부동산 개발 업자였던 새로운 구단주는 당시 단장이자 구단 사장을 겸직하고 있던 샌디 앨더슨에게 선수단 연봉 규모를 줄이라고 지시했다.

풍요가 퇴락을 잉태한다면 결여는 진보를 이끌었다. 하스가 구단주던 시절 애슬레틱스 성적의 상당 부분은 앨더슨이 마이너리그에서 잘 키운 선수들 덕분이었다. 이런 경험을 바탕으로 앨더슨은 적은 비용으로 성과를 만들 방법을 모색했다. 기댈 곳이 없지는 않았다. 야구 경기를 바라보는 색다른 시각이 이미 존재하고 있었기 때문이었다. 바로 세이버메트릭스Sabermetrics였다.

세이버메트릭스는 1971년에 결성된 미국야구연구학회에서 비롯된 야구 분석 방법이었다. 야구는 다른 스포츠 종목과 구별되는 독특한 특징이 있었다. 투구와 타격에 관한 통계를 만들기가 용이하다는 점이었다. 그래서인지 초창기부터 야구계는 각종 통계를 내어 활용해 왔다.

예를 들어 투수라면 방어율과 승패 횟수가, 타자라면 타율과 홈런 개수 등이 중요한 지표로 간주됐다. 가령 타자는 자신의 힘으로는 어쩔 도리 없이 볼넷이나 몸에 맞는 공으로 걸어 나가는 때 등을 제외하고 안타를 치는 빈도의 비율이 30퍼센트가 넘으면 출중하다고 평가받았다.

또 투수는 9회로 이루어진 한 경기를 혼자서 던진다고 가정했을 때 자신의 책임으로 상대 팀에게 주는 점수의 평균인 방어율이 3점대 이하면 쓸 만하다고 인정됐다. 이런 생각은 거의 모든 야구인과 야구에 관심 있는 일반인 사이에 공유되는 상식이었다. 이들 지표는 선수의 연봉을 정하는 데에도 막대한 영향을 미쳤다.

세이버메트릭스가 타율이나 방어율이 중요하지 않다고 말한 적은 없었다. 그보다는 그게 정말 가장 중요한 지표가 맞는지 질문을 던지는 쪽이었다. 팀이 승리하는 데 결정적인 다른 요인이 존재한다면 그걸 쓰지 않을 이유가 없다는 거였다.

앨더슨이 눈여겨봤던 대표적인 지표는 출루율이었다. 출루율은 타자가 안타를 치고 살아 나가는 타율에 볼넷이나 투수의 공에 맞아서 1루를 밟는 빈도율까지 더한 값이었다. 쉽게 말해 100번 타석에 선 타자가 60번은 아웃되고 나머지 40번을 안타와 볼넷 혹은 몸에 맞는 공으로 진루했다면 출루율은 0.4였다.

전통적인 야구 통계에서 볼넷은 중요하게 보는 대상이 아니었다. 타자가 공을 잘 고르는 덕도 있기는 하겠지만 그보다는 투수가 볼을 남발해서 운 좋게 거저 생기는 쪽이라고 생각했기 때문이었다. 안타만큼 호쾌한 장면은 아니라는 것도 이유 중 하나였다.

하지만 앨더슨은 꼭 그렇게 볼 건 아니라고 생각했다. 안타를 쳤든 볼넷으로 나갔든 아웃되지 않고 주자가 생긴다는 건 팀이 승리하는 데 도움이 된다고 판단한 거였다.

찾아보니 실제로 타율은 평범한데 볼넷을 많이 얻어 출루율이 준수한 타자들이 있었다. 심지어 그런 선수는 타율이 높으면서 출루율은 비슷한 유명 선수보다 연봉이 낮았다. 구단 연봉을 줄여야 했던 앨더슨은 그런 선수들로 애슬레틱스 선수단을 채우려 애썼다.

하지만 구단주는 성적 부진을 이유로 2년 만에 앨더슨을 단장에서 물러나게 했다. 대신 마이너리그 선수 스카우트를 책임지던 단장보를 단장으로 승진시켰다. 앨더슨은 그로부터 구단 사장을 1년 더 한 다음 메이저리그 사무국 임원으로 자리를 옮겼다.

앨더슨의 뒤를 이어 1997년 말 애슬레틱스의 단장이 된 빌리 빈은 원래 운동선수로서 대단한 유망주였다. 고등학교 때 야구, 미식축구, 농구 팀의 학교 대표 선수였던 그는 스탠퍼드대학교로부터 미식축구 팀의 쿼터백으로 뛸 수 있는 장학생을 제안받기도 했다. 1980년 뉴욕 메츠에 들어간 빈은 그러나 이후 마이너리그를 전전했다. 이리저리 트레이드되다 1989년 애슬레틱스에 둥지를 틀고 39경기에서 79번 타석에 섰다. 타율은 높다고 볼 수 없는 0.241이었다. 볼넷을 하나도 얻지 못한 빈의 출루율은 타율과 같았다.

1990년 봄, 빈은 단장 앨더슨에게 은퇴하고 어드밴스 스카우트가 되고 싶다고 말했다. 어드밴스 스카우트란 시즌 시작 전 다른 구단을 찾아다니면서 강점과 약점 등을 분석하는 역할이었다. 선수 생활을 접고 시작하는 인생 2막으로서 어드밴스 스카우트는 그렇게 영광스러운 변신은 아니었다. 그때까지 애슬레틱스 프런트 직원 중 메이저리그 선수 경력을 가진 사람은 아무도 없었다.

당황스러웠지만 앨더슨은 어차피 어드밴스 스카우트가 그렇게 중요한 역할은 아니라고 봤기 때문에 빈의 요청을 허락했다. 빈은 1993년 앨더슨에 의해 마이너리그 스카우트를 책임지는 단장보가 되었다. 다시 말해 1997년 말에 빈은 애슬레틱스의 단장이 되었다.

앨더슨의 생각은 빈이 단장이 되고 나서 꽃피기 시작했다. 빈은 앨더슨에게 배운 세이버메트릭스를 적용하고 또 발전시켰다. 사실 그렇게 하는 수 외에 다른 선택지가 없었다. 검약儉約의 미덕을 포기할 기미가 구단주에게 보이지 않아서였다.

세이버메트릭스의 위력은 놀라웠다. 일례로 2001년 애슬레틱스는 정규 시즌에서 102승 60패로 0.630의 승률을 거뒀다. 이는 메이저리그 30개 팀 중 당시 스즈키 이치로가 소속된 시애틀 매리너스의 116승 46패 바로 다음을 잇는 기록이었다.

반면 애슬레틱스의 구단 연봉은 406억 원으로 30개 구단

중 꼴찌에서 두 번째였다. 당시 플레이오프에서 만나 치열하게 싸운 뉴욕 양키스의 구단 연봉은 1,347억 원으로 애슬레틱스의 3배였다. 애슬레틱스의 구단 연봉은 메이저리그 평균인 785억 원의 51퍼센트밖에 되지 않았다.

애슬레틱스의 만화 같은 상황은 2003년에 더 유명해졌다. 유명 작가 마이클 루이스가 그들의 이야기를 소재로《머니볼》이라는 책을 쓴 덕분이었다. 애슬레틱스의 성적이《머니볼》이전에는 야구팬 사이에서만 화제였다면《머니볼》이후로는 야구를 잘 모르는 일반인 사이에서도 화제가 되었다.《머니볼》은 2011년 브래드 피트 주연의 영화로도 만들어져 전 세계적인 인기를 끌었다. 이후 '머니볼'은 세이버메트릭스를 지칭하는 단어로 자리매김했다.

빈이 세이버메트릭스로 성과를 만든 최초의 인물이라면 세이버메트릭스의 초창기를 이끈 인물은 따로 있었다. '세이버메트릭스의 술탄'이라는 별명을 가진 빌 제임스였다. 제임스는 세세한 야구 기록을 엮어 책으로 냈다. 앨더슨은 제임스의 책 여러 권을 빈에게 선물했다.

그뿐만 아니라 제임스는 야구 통계를 모으는 스테츠라는 프로젝트를 주도하기도 했다. 대학생 때 스테츠의 일을 했고

제임스의 책을 성경처럼 읽었던 사람이 또 있었다. 바로 대릴
모리였다.

스포츠에서 운과 기량이 가지는
상대적 중요성

제임스, 앨더슨, 빈의 혜안은 한마디로 '출루율이 타율보다
가성비가 높은 지표'임을 일찍이 깨달았다는 점이다. 출루율
은 앞서 말한 것처럼 타자가 아웃되지 않고 안타를 치든 걸
어 나가든 누상에 살아 나갈 가망성의 정도다. 극단적으로 매
타석마다 반드시 살아서 나가는 타자가 있다면 그의 출루율
은 1이요, 반대로 무조건 아웃되는 타자가 있다면 그의 출루
율은 0이 될 터다. 결국 현실에서 타자가 낼 수 있는 출루율
은 1과 0 사이다. 즉 출루율은 확률의 한 종류인 셈이다.

상황에 따라 빈도를 가지고 확률을 짐작해도 크게 무리가
아닌 상황이 있다. 똑같은 일을 많이 반복할 때다. 타자의 타
격은 상대하는 투수가 바뀌고 수비도 바뀌기에 이러한 조건

에 완벽히 들어맞지는 않는다. 그래도 투수들 간의 차이가 크지 않다고 가정하면 근사치로서 참고할 정도는 된다.

빈은 다른 조건이 모두 같다면 빈도를 가지고 계산한 출루율이 높은 타자가 많을수록 팀이 경기에서 이길 가능성이 높아진다는 걸 성적으로써 생생히 보여주었다.

1장에서 운과 기량의 상대적 관계를 간략히 언급하면서 운과 기량은 서로 겹치지 않는다고 했다. 특히나 스포츠는 이러한 관계를 이해하기에 좋은 대상이다. 일단 이해가 되면 이를 일반적인 비즈니스 상황에 적용하는 건 더 쉽다. 따라서 출루율을 가지고 운과 기량 사이의 관계를 좀 더 자세히 살펴보겠다.

먼저 어떤 타자의 출루율이 0.4라고 가정해 보자. 출루율을 기량으로 보는 건 큰 무리가 없다. 가령 출루율이 0.241인 애슬레틱스 선수 시절의 빌리 빈보다 0.4의 출루율을 기록한 이 선수의 기량이 높기 마련이다.

그러면 운은 어떨까? 기량으로 설명할 수 없는 모든 변수가 운이라고 했을 때 출루율이 곧 기량이라면 기량이 0.4인 선수의 운은 자동적으로 0.6이 되어야 한다. 달리 말해 기량이 크면 그만큼 운의 영역은 줄어든다. 반대로 기량이 보잘것 없으면 거의 모든 것이 운에 달려 있는 셈이다.

앞에서 기량이 0.4면 1에서 0.4를 뺀 0.6이라는 운은 말하자면 '운의 잠재 크기'다. 잠재 크기라는 말은 운이 가장 크게 나타났을 때의 크기를 표현한 숫자라고 봐도 좋다. 가령 출루율이 0.1인 타자가 네 타석 연속으로 안타를 치고 볼넷 얻고 할 가능성은 0은 아니지만 실제로는 매우 낮다. 그럼에도 그런 일이 절대 일어나지 않는다고 말할 수는 없다. 그러니까 운의 잠재 크기는 예상 외의 일이 일어났을 때 그 충격의 세기로 이해할 수도 있다.

운의 잠재 크기와 구별되어야 하는 건 '운의 변동 크기'다. 운의 변동 크기는 상상되거나 관찰된 일련의 사건 사이의 차이를 가리킨다. 예를 들어 김하성과 이정후의 출루율이 0.4로 같다고 가정해 보자.

김하성은 어느 해 5월, 6월, 7월에 각각 0.35, 0.4, 0.45의 출루 빈도율을 기록한 반면 이정후는 그 세 달 동안 각각 0.3, 0.5, 0.4의 출루 빈도율을 기록했다고 치겠다. 이때 출루에 관한 운의 변동 크기는 김하성은 +/-0.05, 이정후는 +/-0.1이다. 김하성이 이정후보다 좀 더 변동이 적은, 그러니까 운의 영향을 덜 받는 출루 빈도율을 보인 셈이다. 운의 변동 크기가 작을수록 기량의 실재가 좀 더 확실해진다.

그렇다면 혼자 하는 종목과 팀으로 하는 종목 중 어느 쪽에 더 운이 많이 작용할까? 기량이 결과를 정하기 쉬운 건 개인 종목이다. 바꿔 이야기하면 개인 종목보다는 팀 종목이 운의 영향을 더 많이 받는다. 일례로 테니스 국가대표는 거의 무조건 대학 선수를 이기지만 축구 국가대표 팀은 가끔 대학 팀에 질 때도 있다.

팀 경기라면 1) 팀당 선수 수가 적을수록, 2) 점수가 많이 나는 종목일수록, 3) 경기를 많이 치를수록 기량이 승패를 좌우하기 쉽다. 예를 들어, 5명이 한 팀인 농구가 9명이 한 팀인 야구보다, 한 팀이 경기당 20여 점을 내는 핸드볼이 경기당 몇 골 안 나는 축구보다, 100경기 이상 리그로 치르는 정규 시즌이 5판 3선승제의 토너먼트로 치르는 플레이오프보다 기량에 따른 결과가 나오기 쉽다.

선수의 평균 리바운드나
평균 득점을 중요하게 본다면?

모리가 컨설팅 회사에서 일하던 2001년, 애슬레틱스 만큼의 역사를 가진 구단이 매물로 나왔다. 보스턴 레드삭스였다. 레드삭스는 1933년부터 요키 일가가 운영해 왔다. 그러니까 69년을 가지고 있던 구단을 팔겠다고 나선 거였다.

매물로 내놓은 이유는 단순했다. 구단 운영으로 돈을 계속 까먹어서였다. 1918년까지 다섯 번 월드 시리즈를 우승했던 레드삭스는 그 후 매물로 나올 때까지 단 한 번도 우승하지 못했다.

보스턴 레드삭스 야구팬들은 레드삭스가 1920년 1월 주로 투수로 뛰던 베이브 루스를 양키스로 트레이드한 걸 문제의 원인으로 지목했다. 루스가 양키스에 가서 전설의 홈런 타자가 되었기 때문이었다. 이들은 루스의 트레이드를 두고 '밤비노의 저주'라고 불렀다. 아기나 아이를 뜻하는 밤비노는 루스의 별명이었다.

모리의 컨설팅 회사는 레드삭스를 사려는 측에 고용되었

다. 모리는 자신의 행운을 믿을 수 없었다. 자기가 너무나 좋아하는 프로야구에 관련된 프로젝트를 하게 되어서였다. 하지만 행운은 길지 않았다. 모리가 다니던 컨설팅 회사를 고용한 측이 아닌 다른 곳이 레드삭스를 사는 데 성공했기 때문이었다.

모리 주위를 맴돌던 운은 슬며시 모리에게 다시금 손을 뻗었다. 레드삭스 인수 프로젝트 때 모리를 눈여겨봤던 사람이 모리에게 셀틱스에서 함께 일하자고 자리를 제안한 거였다. 레드삭스를 사려다 실패했던 윅 그루즈벡은 원래 벤처캐피털 회사를 운영하던 사람이었다. 그루즈벡은 꿩 대신 닭으로 2002년 보스턴 셀틱스를 덥석 사버렸다. 셀틱스는 미국 프로농구 팀이었다. 모리 역시 꿩 대신 닭이라는 심정으로 셀틱스에 합류했다. 꿈꾸던 종목의 일은 아니었지만 원래 하던 컨설턴트보다는 나을 것 같았다.

2003년 셀틱스에서 모리의 직함은 '운영 및 정보 수석부사장'이었다. 풀어 설명하면 셀틱스의 홈 경기장인 플리트센터를 관리하고 물리적인 사고나 온라인상에서 셀틱스 선수가 연관된 추문이 나돌면 기민하게 대응하며 마지막으로 구단의 정보 시스템을 책임지는 일이었다.

쉽게 말해 신나고 흥미로운 일 빼고 나머지 전부 다 그의 일이었다. 그중 가장 중요한 일이 바로 입장권과 경기장에서 파는 상품의 가격을 결정하는 일이었다.

모리가 셀틱스에서 2003년에 잠깐 했던 일이 하나 있었다. 신인 드래프트에서 뽑을 대학 농구 선수를 평가하는 일이었다. 세이버메트릭스의 술탄, 제임스를 마음속 '선지자'로 모셔 온 모리는 이를 자신의 데이터 분석 기량을 발휘할 좋은 기회로 여겼다.

사실 그 역할을 주로 하는 사람은 따로 있었다. 모리와 같은 시기에 법무 자문 겸 단장보로 셀틱스에 들어온 마이크 재런이었다. 시카고대학교와 하버드 로스쿨을 나온 재런은 변호사지만 문자만큼이나 숫자를 가지고 노는 걸 좋아했다. 재런은 셀틱스에서 다른 구단과 트레이드로 주고받을 선수들을 평가하고 적정 연봉을 매기는 일을 책임졌다.

당시 셀틱스의 사장은 같은 해에 그루즈벡이 뽑은 대니 에인지였다. 에인지는 색다른 이력의 소유자였다. 먼저 그는 1980년대 래리 버드가 뛰던 황금기의 셀틱스에서 8년간 주전 슈팅 가드로 뛰며 두 차례의 최종 우승을 함께했다. 게다가 프로야구 선수 경력도 있었다. 셀틱스의 선수가 되기 전

그는 토론토 블루제이스에서 3년간 211경기에 나가 0.220의 타율을 기록했다. 한마디로 에인지는 메이저리그와 엔비에이에서 선수로 뛴 역대 13명 중 한 명이었다. 모리와 재런은 다혈질로 유명한 에인지에게 직접 보고하는 입장이었다.

2003년 엔비에이 드래프트는 좋은 선수가 많은 걸로 유명한 해였다. 역대 최우수 선수 후보로 꼽힐 만한 르브론 제임스를 비롯, 카멜로 앤서니, 농구 명예의 전당에 헌액된 크리스보시와 드웨인 웨이드 등이 있었다. 2순위의 디트로이트 피스톤스가 지명한 세르비아의 다르코 밀리시치에 더해 제임스부터 웨이드까지 차례로 1순위부터 5순위로 지명되었다.

셀틱스의 드래프트 권리는 16순위와 20순위였다. 셀틱스는 트로이 벨과 단테이 존스를 차례로 지명했다. 그리고 같은 날 멤피스 그리즐리스가 13순위와 27순위로 지명한 마커스뱅크스, 켄드릭 퍼킨스와 맞교환했다.

셀틱스는 뱅크스를 지명하지 못해 아쉬웠고 그리즐리스는 벨과 존스의 듀오가 뱅크스 및 퍼킨스보다 낫다고 판단하지 않았다면 일어나지 않았을 트레이드였다. 모리가 이들의 드래프트와 트레이드에 기여한 바는 별로 없었다.

모리의 주된 기여는 그다음 순위 드래프트였다. 셀틱스는

56순위 드래프트 권리도 가지고 있었다. 메이저리그와 마찬가지로 엔비에이에는 모두 30개 구단이 존재했다. 그러니까 56순위는 팀으로서 중요한 드래프트 권리였다.

모리는 통계학의 회귀 분석을 동원해 농구 경기 승패와 선수의 세부 지표와의 상관관계를 분석했다. 모리의 통계 모형은 한 선수의 드래프트를 강하게 주장했다. 오하이오대학교의 브랜든 헌터였다.

키가 2미터 1센티미터인 헌터는 공룡 센터 샤킬 오닐과 전설의 파워 포워드 찰스 바클리를 묘하게 섞어 놓은 얼굴을 가졌다. 물론 헌터의 체격 조건이나 얼굴 생김이 헌터를 뽑아야 한다고 본 근거는 아니었다. 모리는 선수의 외모를 입력 값으로 넣지 않았다.

모리가 분석한 모형이 헌터를 좋게 본 이유는 리바운드 때문이었다. 헌터는 대학 4학년 때 경기당 12.6개의 리바운드로 미국 대학 농구에서 가장 리바운드를 많이 한 선수였다. 리바운드란 농구에서 슈팅한 공이 들어가지 않고 림이나 백보드에 맞고 튀어나왔을 때 다시 잡는 행위를 가리켰다. 거기에 더해 경기당 21.5점의 평균 득점도 기록했다. 그러니까 헌터는 1미터 98센티미터의 키에도 불구하고 리바운드를 잘하는 걸로 유명했던 바클리의 후계자처럼 보였다.

매사추세츠기술원에서 배운 지식을 확신한 모리는 에인지에게 헌터의 56순위 드래프트를 강하게 주장했다. 에인지는 모리의 주장대로 헌터를 지명했다. 헌터는 다음 해 36경기에 나와 경기당 3.3개의 리바운드를 기록했다. 그다음 해는 올랜도 매직으로 트레이드되어 31경기에서 2.2개의 평균 리바운드를 잡는 데 그쳤다. 이후로는 9년간 그리스와 이탈리아 등 총 8개국의 15개 팀 소속을 전전하며 떠돌아다녔다. 쉽게 말해 헌터의 드래프트는 폭망이었다.

농구에서도 야구의 머니볼 같은 게 가능할까 하는 생각을 한 구단이 셀틱스만 있던 건 아니었다. 셀틱스의 숙적 뉴욕 닉스도 비슷한 생각을 했다. 1985년 드래프트 1순위로 뽑힌 이래로 팀의 기둥이었던 센터 패트릭 유잉을 2000년에 시애틀 슈퍼소닉스로 팔아버린 닉스는 2003년까지 계속 내리막길을 걸었다.

참을성을 잃은 닉스의 구단주 제임스 돌란은 칼을 빼 들었다. 회사 케이블비전을 아빠에게 물려받아 경영하던 돌란은 2003년 성탄절 3일 전 한창 시즌을 치르고 있던 단장 스캇 레이든을 전격 해고했다. 그리고 스타 선수였던 사람을 구단 사장 겸 단장으로 임명했다. 그의 이름은 아이재이아 토마스였다.

키가 185센티미터인 토마스는 농구 선수치고는 작은 키에도 불구하고 선수 시절 출중한 기량을 보였다. 그는 인디애나대학교 2학년 때인 1981년 미국 대학 농구 토너먼트에서 우승을 이끌었다. 그해에 곧바로 디트로이트 피스톤스에 2순위로 지명된 토마스는 프로 수준에서도 팀의 능력을 잘 살리는 포인트 가드라는 명성을 금방 얻었다.

피스톤스를 동부 컨퍼런스의 강팀으로 끌어올린 토마스는 마침내 1989년과 1990년 2년 연속으로 엔비에이 우승을 거머쥐었다. 1980년대 말 마이클 조던의 시카고 불스가 플레이오프에서 번번이 탈락한 이유가 바로 '배드 보이스'라는 별명을 가진 피스톤스를 넘어서지 못해서였다. 13년간 엔비에이에서 뛰며 12차례 올스타로 뽑힌 토마스는 농구 명예의 전당에 이름을 올렸다.

토마스는 농구에 관한 지론이 있었다. 농구 경기는 득점을 많이 한 팀이 이기는 스포츠였다. 팀의 득점은 선수들이 얻은 득점의 합계였다. 그렇다면 평균 득점이 높은 선수들로 팀을 구성할수록 팀의 승리가 많아질 거라는 거였다.

토마스는 통상의 농구 상식, 즉 리바운드나 수비, 도움 등도 중요하다는 생각은 대체로 무시했다. 돌란은 토마스의 지론을 데이터에 기반한 농구의 신세계, 즉 농구의 머니볼이라고 믿었다.

닉스의 사장 겸 단장이 된 토마스는 곧바로 자신의 지론대로 트레이드하기 시작했다. 2004년 1월 평균 득점 8.7점의 찰리 워드와 8.4점의 안토니오 맥다이스를 내보내고 20.8점의 스테폰 마버리와 8.7점의 앤퍼니 하더웨이를 받아들였다. 이어 2004년 8월 2미터 18센티미터의 센터 디켐비 무톰보를 비롯한 네 명을 내보내고 17.3점의 자말 크로포드와 6.5점의 제롬 윌리엄스를 받았다.

내보낸 네 명 중에선 노쇠해져 5.6점에 그친 무톰보의 득점 평균이 제일 높았다. 2005년 2월에도 평균 득점 1.4점과 2.6점의 두 명을 7.8점의 한 명과 맞바꿨다.

2004-05년의 닉스는 33승 49패로 전년보다 오히려 6승을 더 잃었다. 다음 시즌인 2005-06년에는 민망하기 짝이 없는 23승 59패를 기록했다. 이는 엔비에이 30개 팀 중 밑에서 두 번째 순번의 승률이었다. 그사이 토마스는 성적 부진에 대한 책임을 물어 감독을 세 번 바꿨다. 심지어 닉스의 구단 연

봉은 엔비에이에서 제일 높았다.

2006년과 2007년에는 토마스가 직접 감독까지 겸했다. 말하자면 토마스는 닉스의 사장이자 단장이자 감독이었다. 이 시즌의 닉스 성적은 10승만큼 개선되었다. 그래봐야 여전히 2년 전과 똑같은 기록이었다. 2007년과 2008년에는 다시 23승 59패로 주저앉았다. 토마스는 2008년 4월 닉스와 관련된 모든 역할을 잃었다. 농구의 머니볼은 쉽사리 따 먹을 수 있는 포도가 아니었다.

자본주의의 첨병 프로 스포츠 리그의 에르고드 이코노미

프로 스포츠보다 더 자본주의 원리가 충실하게 적용되는 곳은 없는 듯하다. 선수는 실력에 따라 금전적 보상이 결정되고 실력이 모자라면 퇴출된다. 각 구단은 승리를 위해 큰돈 쓰기를 주저하지 않는다. 그렇게 쓴 돈은 좋은 성적을 낳고 결국 더 큰 매출로 이어진다.

한국과 달리 미국의 프로 스포츠는 기본적으로 홍보가 아닌 비즈니스다. 구단을 운영하면서 한두 해는 몰라도 지속적으로 금전적 손실을 본다는 건 생각하기 어렵다. 구단주는 벌어들일 돈을 계속 확인하면서 그보다 나가는 돈이 많아지지 않도록 신경 쓴다.

프로 스포츠 구단의 매출은 크게 보면 세 가지로 이루어져 있다. 첫째는 홈 경기장에서 버는 돈이다. 즉 입장료와 경기장에서 파는 식음료와 구단 관련 상품의 판매액이다. 둘째는 방송 중계료다. 이건 개별 팀이 아닌 리그 차원에서 방송사와 계약을 맺는다. 셋째는 광고료다. 개별 팀과 리그는 둘 다 광고주와 계약을 맺어 돈을 받는다.

리그마다 차이가 있긴 하지만 셋 중 여전히 가장 중요한 요소는 첫 번째다. 팀의 성적이 좋으면 더 많은 관중이 경기를 보러 오고 그만큼 버는 돈이 많아진다. 또 플레이오프에 진출하면 경기를 더 많이 뛰기에 돈이 더 들어온다. 또 성적이 좋아지면 덩달아 광고료도 많아지기 마련이다. 그래서 프로 구단들은 성적에 목을 맨다.

그런데 프로 스포츠 리그에는 언뜻 이해가 안 되는 제도가 있다. 엔비에이를 예로 들면 수익 공유와 사치세가 대표적인 예다. 수익 공유는 각 구단이 벌어들인 수익의 약 50퍼센트를 리그 사무국이 걷는 제도다. 리그 사무국은 그렇게 걷은 돈을 하나로 합친 다음 전체 구단 수, 즉 30으로 나눠 다시 각 구단에게 똑같이 나눠준다.

사치세는 샐러리 캡, 즉 리그 차원에서 결정된 구단 연봉 상한과 관련이 있다. 구단이 이를 넘겨 선수에게 연봉을 주면 그 초과 금액의 몇 배를 사치세라는 이름으로 리그 사무국에 내는 제도다. 리그 사무국은 이렇게 받은 돈을 합쳐 사치세를 내지 않은 구단에게만 똑같이 나눠준다. 예를 들어, 걷은 사치세가 모두 1조 원이고 사치세를 내지 않은 구단이 10개면 그 10개 구단은 각각 1,000억 원씩 받는다.

수익 공유와 사치세는 자본주의 원리를 정면으로 거스르는 제도 같다. 방식은 다르지만 돈을 많이 벌거나 혹은 돈이 많아서 마구 쓰는 구단 돈을 떼다가 돈을 못 벌거나 돈이 없는 구단에게 주기 때문이다. 마치 부자의 돈을 뺏어 노동자에게 나눠주는 듯하다.

그렇지만 여기에는 다른 원리가 있다. 바로 에르고드 경제학이다. 21세기를 주도하는 에르고드 경제학은 물리학의 방법론에 기반한 경제 원리다. 세계관의 다차원화, 단기적 이익이 아닌 장기적 성장, 소수가 아닌 모두의 소득 증가를 추구하는 에르고드 경제학이 내린 한 가지 결론이 바로 재분배의 필요성이다. 수익 공유와 사치세는 재분배의 대표적인 방식에 속한다.

왜 재분배가 필요한지를 간단한 숫자로 설명하겠다. 돈 많은 양키스와 돈 없는 애슬레틱스가 대결을 한다. 실력이 비슷해서 경기에 이길 확률은 50퍼센트로 서로 같다. 대신 양키스는 이기면 돈을 네 배로 불리고 지면 40퍼센트로 줄어든다. 가난한 애슬레틱스는 이겨도 돈이 두 배 느는 데 그치고 지면 가진 돈이 20퍼센트로 줄어든다. 누가 봐도 양키스가 애슬레틱스보다 유리한 상황이다.

양키스가 돈을 불리는 데는 아무런 어려움이 없다. 두 번에 한 번 꼴로 이기니까 두 번 할 때마다 가진 돈이 1.6배로 늘어나서다. 가령 원래 1억 원이 있었는데 첫째 판에 이기고 둘째 판에 지면 가진 돈은 4억 원이 됐다가 1.6억 원이 된다. 이기고 지는 순서는 두 번 할 때마다의 결과에 영향을 주지 않는다. 반면 애슬레틱스의 처음 1억 원은 경기를 두 번 하고 나면 4천만 원으로 줄어든다.

양키스가 앞의 사례보다 돈을 더 많이 불릴 수 있는 방법이 있을까? 돈을 빌려 더 크게 베팅하는 것 외에 다른 방법은 없다고 생각하기 쉽다. 그렇지만 그런 방법이 실제로 존재한다. 놀랍게도 재분배다. 에르고드 경제학은 재분배가 오히려 장기적으로 더 많이 성장하는 방법임을 알려준다.

어떻게 그게 가능한지 알아보겠다. 재분배의 방법으로 100퍼센트의 수익 공유를 가정한다. 첫째 판이 끝나면 양키스는 4억 원, 애슬레틱스는 2천만 원을 가진다. 이걸 합친 후 다시 반으로 나누면 두 팀 모두 2.1억 원을 갖게 된다. 이 돈은 양키스가 재분배를 하지 않았을 때의 4억 원보다 적다. 단기적으로는 손해처럼 보인다.

관건은 한 번 더 하는 거다. 이번 판은 양키스가 질 거라서 양키스의 2.1억 원은 8천 4백만 원으로 준다. 하지만 애슬레틱스의 2.1억 원은 대신 4.2억 원으로 늘어난다. 첫 번째 판처럼 8천 4백만 원과 4.2억 원을 합쳐 반씩 나눠 가지면 2.52억 원이다. 이는 재분배를 하지 않았을 때의 1.6억 원보다 더 많은 돈이다.

재분배가 결과적으로 더 큰 성장을 가져오는 이유는 간단하다. 양키스 혼자만 돈을 벌려고 들면 애슬레틱스는 망한다. 애슬레틱스가 망하면 리그도 망가진다. 양키스가 돈을 벌 무대 자체가 사라지고 마는 셈이다.

대릴 모리의 휴스턴 로키츠는
어떻게 성공했을까?

알렉산더는 닉스와 토마스의 몰락을 지켜보면서도 농구의 머니볼에 대한 미련을 버리지 않았다. 그는 심지어 애슬레틱스의 빈에게 로키츠의 단장을 제안했다. 빈은 쓴웃음을 지으며 알렉산더의 제안을 거절했다.

그다음으로 알렉산더가 원했던 인물은 농구 명문 듀크대학교의 선수와 코치를 거쳐 해설자로 활동하던 제이 빌라스였다. 알렉산더가 제안한 연봉은 빌라스의 기대치에 못 미쳤다. 마땅한 대안이 없었던 알렉산더는 셀틱스에게 헌터를 안겼던 모리를 2006년 4월 단장보로 뽑았다.

모리의 머니볼은 적지 않은 시행착오를 거쳤다. 종내는 세 가지로 정리되었다. 첫째, 3점 슛, 둘째, 레이업 슛, 셋째, 자유투였다. 레이업 슛은 주로 속공에서 공을 농구대 림 위에 가볍게 올리는 슛이었다. 이 세 가지 외의 공격은 가능한 한 삼가고 최대한 이 세 가지를 활용하는 게 모리의 방안이었다. 이는 나중에 '모리볼'이라는 이름을 얻었다.

얼핏 보면 모리볼이 토마스의 지론과 비슷하게 느껴질 수 있다. 하지만 실제로는 차이가 컸다. 토마스는 평균 득점 자체를 따졌다. 그러나 모리의 생각은 달랐다. 모리가 앞의 세 가지를 고른 이유는 슛 성공률과 득점의 크기 두 가지 때문이었다. 가령 평균 득점이 20점이어도 2점 슛 성공률이 30퍼센트대인 선수는 팀에 해가 되기 쉬웠다. 바로 토마스가 놓친 부분이었다.

농구의 슛 성공률은 야구의 출루율에 견줄 만한 지표였다. 농구의 모든 슛 중에서 가장 성공 확률이 높은 슛이 바로 자유투였다. 엔비에이에서 자유투 성공률은 75퍼센트 정도 되었다. 또 레이업 슛의 성공률도 약 58퍼센트는 되었다. 반면 가장 흔하게 쏘는 2점 중거리 슛의 성공률은 45퍼센트에 그쳤다.

그렇다고 슛 성공률이 전부는 아니었다. 가령 야투 성공률이 50퍼센트여도 경기당 평균 20분을 뛰면서 평균 득점이 4점에 그친다면 득점 생산에 문제가 컸다. 슛 성공률과 결합해 고려해야 하는 건 바로 슛의 결과 자체, 다시 말해 득점의 크기였다.

3점 슛은 점수가 크기에 그 자체로 매력적인 공격이었다. 가령 경기 종료 직전인데 3점 차로 뒤지고 있다면 3점 슛 시도는 당연한 일이었다. 게다가 공격 기회가 많다면 확률과 결과를 결합해 하나의 지표로 평가하는 방법도 가능했다. 그게 바로 기댓값이었다. 슛의 기댓값은 점수 곱하기 확률의 합이다. 농구는 공격 기회가 충분히 많기에 기댓값도 사용할 만했다.

1979년 처음 엔비에이에 도입된 3점 슛의 리그 전체 성공률은 1980년대에는 28.9퍼센트에 그쳤다. 그러므로 그 당시에 3점 슛을 한 번 쏘면 평균 0.894점을 기대할 수 있었다. 이는 45퍼센트의 성공률을 갖는 2점 슛을 쐈을 때의 기댓값인 0.9보다 적었다. 1980년대를 통틀어 팀당 3점 슛 시도가 평균 네 개 정도에 그친 건 그럴 만한 이유가 있었던 셈이었다.

착각하지 말아야 할 사실은 확률이 언제나 고정된 값이 아니라는 점이다. 확률의 대상이 훈련으로 키울 수 있는 기량이라면 더욱 그러하다. 모리가 로키츠의 단장이 된 2007년의 리그 전체 3점 슛 성공률은 36.2퍼센트였다. 그러니까 3점 슛의 기댓값 1.086은 2점 슛보다 높았다. 정상급 선수라면 더욱 높았다.

모리볼은 얼마나 성공적이었을까? 2007년부터 2020년까지 로키츠는 엔비에이 전체에서 두 번째로 많은 승리를 챙겼다. 그 시기 팀 던컨, 마누 지노빌리, 토니 파커의 삼총사에 더해 2011년부터는 카와이 레너드까지 합류해 두 차례 최종 우승을 한 샌앤토니오 스퍼스의 바로 뒤를 잇는 기록이었다.

모리볼을 높게 평가하지 않는 의견도 있기는 하다. 결정적으로는 엔비에이 챔피언이 되어본 적이 없어서다. 사실 챔피언은 고사하고 서부 컨퍼런스 우승도 한 번 못했다. 데이터 기반의 접근법은 정규 시즌 성적은 좋아도 단기전의 플레이오프에서는 힘을 못 쓴다는 게 일반적인 인식이다. 앞에서 이야기했듯이 단기전은 아무래도 정규 리그보다 운의 영향을 더 받는다. 빈의 애슬레틱스도 비슷한 비판을 받는다.

하지만 꼭 그렇게만 볼 건 아니다. 빈의 머니볼을 그대로 복사해 레드삭스의 2004년과 시카고 컵스의 2016년 월드시리즈 우승을 이룬 시오 엡스틴이 있기 때문이다.

더 중요한 건 알렉산더의 입장이다. 알렉산더는 2017년

2조 6,400억 원에 로키츠를 팔았다. 24년 만에 그의 돈은 약

26배로 불어났다.

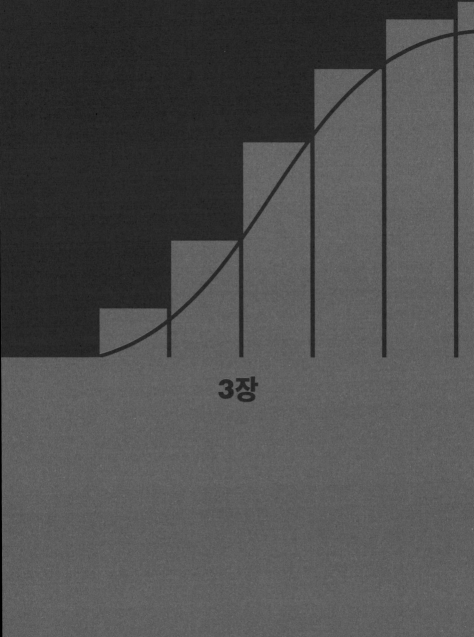

3장

리스크와 불확실성을
구별한다

포도 농부의 아들,
전쟁으로 징집되어 로도스에 가다

에밀리아와 로마냐를 합친 말인 에밀리아로마냐는 이탈리아 북부에 위치한 주다. 에밀리아라는 이름은 기원전 187년 통령 마르쿠스 아에밀리우스 레피두스가 지휘하는 로마군이 이 지역을 정복하려고 길을 닦은 데서 유래했다. 레피두스는 열다섯 살 때 한니발 바르카가 지휘하는 카르타고군에게 로마군의 90퍼센트가 죽거나 포로로 잡힌 칸나에 전투에서 용케 살아남은 운 좋은 사람이었다.

로마인들은 에밀리아 가도를 따라 식민 도시를 세웠다. 에밀리아 가도는 라벤나와 페라라를 제외한 에밀리아로마냐의 모든 주요 도시, 즉 리미니, 체세나, 포를리, 볼로냐, 모데나, 레지오 에밀리아, 파르마, 피아첸차를 관통했다. 율리우스 카이사르의 말로 유명한 루비콘강이 바로 아드리아해에 접한 리미니와 체세나 사이를 흘렀다.

　고대 로마 이래로 에밀리아로마냐는 포도주로도 유명했다. 레피두스보다 네 살 많았던 마르쿠스 포르키우스 카토는 《농사》라는 책에서 "황소가 하루 동안 밭을 갈 수 있는 땅에서 수확한 람브루스코의 3분의 2만으로 암포라 300개를 채울 포도주를 만들 수 있다"고 썼다. 람브루스코는 에밀리아의 토종 포도고 암포라는 손잡이가 두 개 달린 항아리였다. 람브루스코 외에도 '제우스의 피'라는 뜻을 가진 산지오베제를 비롯해 트레비아노, 알바나, 말바지아, 바르베라, 파가데비트 등 실로 다양한 품종의 포도가 이 지역에서 재배되었다.

　그렇다고 에밀리아로마냐가 포도만 많이 나는 지역은 아니었다. 포도주와 함께 음미할 훌륭한 음식이 많은 고장이기도 했다.

　먼저 피아첸차 동쪽의 파르마는 돼지의 뒷다리를 소금에

절여 말린 프로슈토 디 파르마로 유명했다. 프로슈토는 '예전에 말린'을 뜻하는 말로 이탈리아에서 햄을 뜻하는 일반적인 단어였다. 또한 '치즈의 왕'이라고 불리는 파르미지아노 레지아노도 파르마와 레지오 에밀리아의 자랑이었다. 12세기 그 지역의 베네딕토회와 시토회 수도사들이 우유를 버리지 않고 활용하려고 만든 파르미지아노 레지아노는 최소 1년, 최상품은 4년 이상의 숙성을 거쳐 만들어졌다.

레지오 에밀리아의 동쪽에 있는 모데나는 포도 식초, 즉 발사믹 비너거의 본고장이었다. 발사믹은 '향기로운'을, 비너거는 '상해서 시큼한 포도주'를 뜻했다. 이 지역의 포도 식초는 1046년 신성 로마 제국의 황제 하인리히 3세가 근방을 지나면서 꼭 집어서 먹기를 원했다는 기록이 있을 정도였다. 하인리히 3세가 먹은 포도 식초는 레지오 에밀리아 남쪽의 카노사에서 만들었다. 그로부터 31년 뒤 하인리히 3세의 아들 하인리히 4세는 교종 그레고리오 7세의 용서를 빌며 눈발이 휘날리는 카노사에서 3일간 맨발로 서 있기도 했다.

그리고 모데나 동쪽의 볼로냐도 빼놓을 수 없다. 에밀리아로마냐의 가장 큰 도시인 볼로냐는 이탈리아의 '미식의 수도'로 불렸다. 이탈리아 사람들에게 볼로냐는 곧 '뚱보의 볼로냐'였다. 맛있는 음식이 너무 많아서였다.

일례로 볼로냐는 고기를 잘게 썰어 포도주, 크림, 토마토 등과 함께 뭉근하게 끓인 소스인 라구로 유명했다. '입맛을 되살리는 것'이라는 뜻을 가진 프랑스 스튜 라구는 1796년 나폴레옹이 북쪽의 이탈리아를 점령하면서 에밀리아로마냐로 전해졌다. 보통 볼로네제 스파게티라고 불리는 음식이 바로 볼로냐의 라구로 만든 파스타였다.

페루치오 람보르기니는 이 에밀리아로마냐의 동쪽 평야 지대에 위치한 레나초라는 마을에서 농부의 아들로 태어났다. 그의 부모도 역시 포도를 재배해 먹고살았다. 다섯 형제 중 맏이였던 람보르기니는 자라면서 부모의 포도 농사를 도왔다. 그러나 그의 가슴을 뛰게 만드는 건 농사보다는 농사를 도와주는 기계였다.

람보르기니는 집에서 4킬로미터 정도 떨어진 기술고등학교에 들어갔다. 졸업하고 나서 볼로냐의 철공소에서 잠깐 견습공으로 경험을 쌓은 다음 친구인 마리노 필리피니와 함께 작업장을 차렸다. 그의 나이 열여덟 살 때였다.

그러다 6년 뒤 전쟁이 터졌다. 포를리 태생의 이탈리아 지도자 마음이 급해져서였다. '로마 제국의 영광을 되찾자'는 슬로건 아래 이탈리아는 젊은이들을 징병하기 시작했다. 징집된 람보르기니는 이탈리아 공군에 배속되었다. 이탈리아는 영국과 영연방 국가를 빼면 가장 먼저 공군이 육군으로부터 독립한 나라였다. 이탈리아 공군에는 전략 폭격의 선구자 기울리오 두헤의 영향도 드리워져 있었다.

람보르기니가 배치된 곳은 에게해 동쪽 도데카니사 제도의 섬 로도스였다. 16세기 구호기사단의 끈질긴 항전으로 유명한 로도스는 1912년 이래로 이탈리아의 지배 아래에 있었다. 이탈리아 공군은 로도스의 비행장 세 곳으로부터 그리스를 공격했다.

상병 람보르기니는 로도스 주둔 이탈리아군 사령부 직할 50혼성자동차부대 소속이었다. 온갖 차량의 정비와 수리를 도맡은 그는 디젤 엔진의 작동에 도가 트게 되었다. 로도스는 나름 최전방이었지만 그리스 공군이 열세인 데다가 1년이 안 돼 그리스가 점령되면서 비교적 안전했다.

로도스에서 안전하게 지내던 람보르기니의 생활은 3년여 후 상황이 뒤집혔다. 본토의 이탈리아군 지휘부가 연합군과 갑자기 휴전 조약을 맺어 버렸기 때문이었다. 로도스에 주둔

하던 이탈리아군 3만 9천 명은 7천 명의 독일군에게 만 이틀 만에 항복했다.

3천 명의 이탈리아 공군 대부분은 포로로 잡혔다. 8일 뒤 1천 명 이상의 이탈리아 공군 포로를 그리스로 이송하던 배가 영국 구축함 이클립스의 공격으로 침몰되었다. 물론 생존자는 없었다.

다행인지 람보르기니는 잡히지도 죽지도 않았다. 일단 도망쳤다가 주민인 것처럼 나타나 자동차 정비소를 열었다. 독일군은 적대적이지 않은 람보르기니를 포로로 잡지 않고 오히려 고장 난 차의 수리를 맡겼다. 도데카니사 제도를 점령하려는 영국군의 공세는 두 달여 만에 완전한 실패로 끝났다. 그로부터 1년 반 후 독일이 항복할 때까지 람보르기니는 로도스에서 자유로운 몸이었다.

전쟁이 끝나면서 충돌 없이 로도스를 접수한 영국군은 람보르기니를 포로수용소에 가두었다. 독일군에게 적극적으로 협력했다는 이유였다. 하지만 영국군도 람보르기니의 정비 기량을 두고 보지만은 않았다. 포로인 그에게 영국군 차량의 수리를 시켰다.

결과적으로 람보르기니는 전쟁 덕분에 약 6년간 이탈리

아, 독일, 영국 세 나라의 최신 군용차량을 수리한 경험을 쌓게 되었다.

람보르기니는 전쟁이 끝나고 나서 1년여 만에 겨우 이탈리아로 돌아올 수 있었다. 그사이 의외의 일도 생겼다. 로도스에서 페라라 태생의 클렐리아 몬티를 만나 사랑에 빠진 거였다. 람보르기니보다 열다섯 살이 어렸던 몬티는 열여섯 살의 나이로 람보르기니와 결혼했다. 몬티는 다음 해 아들 토니노를 낳다가 죽었다.

람보르기니는 이듬해 자기보다 여덟 살 어린 아니타 폰타나와 재혼했다. 그해는 여러모로 람보르기니 인생에 중요한 해였다. 그는 농업에서 기회를 보고 전쟁에서 쌓은 경험을 살려 트랙터 회사를 세웠다. 람보르기니의 트랙터는 전쟁 후 버려진 자동차 부품을 조합한 결과물이었다.

엔진의 원리를 꿰고 있던 람보르기니는 시동을 걸 때만 값이 비싼 휘발유를 쓰고 그 후에는 값싼 경유로 전환되도록 엔진을 개조했다. 당연히 그의 트랙터는 인기가 높았다. 람보르기니의 트랙터 회사는 제법 큰 회사가 되었다. 람보르기니의 아내 폰타나는 트랙터 회사의 안살림을 책임졌다. 람보르기니는 호사를 맘껏 누렸다.

트랙터 회사를 만든 지 15년 뒤 람보르기니는 볼로냐 교외에 새로운 회사를 세웠다. 아내의 반대를 무릅쓰고 만든 까닭에 자신과 아니타가 각각 15퍼센트와 85퍼센트의 주식을 갖는 조건이었다.

폰타나가 반대하는 데에는 이유가 있었다. 람보르기니가 새로운 회사를 만들려는 이유가 실로 뜬금없었기 때문이었다. 그 이유는 바로 레이싱카의 대명사 페라리와 경쟁하기 위해서였다.

람보르기니가 새로 만든 회사의 이름은 자신의 성을 딴 아우토모빌리 람보르기니였다.

모터스포츠 전설의 상징이 된
이탈리아 공군 에이스의 문장

자동차의 역사는 곧 자동차 경주의 역사였다. 모터스포츠는 자동차의 성능과 자동차를 운전하는 레이서의 기량을 함께 겨루는 무대였다. 자동차 기술의 발전에 자동차 경주가 기여

한 부분은 대단히 컸다.

세계 최초의 자동차 경주는 1894년 프랑스에서 열렸다. 당시 프랑스 4대 일간지 중 하나였던 〈르 프티 주르날〉이 주최한 이 대회는 파리에서 루앙까지 126킬로미터를 먼저 도착하는 경주였다. 이는 칼 벤츠가 처음으로 자동차를 판 해로부터 6년 뒤, 아르망 푸조가 고틀립 다임러의 엔진을 단 자동차를 생산하기 시작한 해로부터 4년 뒤에 열렸다.

파리-루앙 랠리에서 1위를 차지한 푸조 차의 평균 속도는 약 시속 19킬로미터였다. 1900년에 시작된 고든 베넷컵 대회는 대회 장소를 바꿔가며 여러 나라의 팀이 경쟁하는 형식을 이미 갖추었다.

F1, 즉 포뮬러원의 전신인 그랑프리 자동차 경주도 프랑스에서 시작되었다. 그랑프리 경주는 처음부터 일반 마찻길이 아닌 전용의 경주로에서 치러졌다. 이유가 있었다. 사고로 악명 높았던 1903년 파리-마드리드 경주 때문이었다.

최초의 자동차 경주 이후 단 9년 만에 자동차는 이미 시속 140킬로미터 이상의 속도가 났다. 차가 그런 속도로 흙길을 달리면 먼지구름이 레이서의 시야를 심하게 가린다. 그 결과 대회 도중 다섯 명의 운전자와 세 명의 관중이 숨졌다. 심지어 사고로 죽은 운전자 중에는 1899년 자동차 회사 르노를 세운 르노 삼 형제 중 둘째인 마르셀 르노도 있었다. 대회는 중간에 취소되었다.

1906년의 첫 번째 그랑프리 우승자는 서른두 살의 오스트리아-헝가리인 시스 페렌츠였다. 시스가 운전한 자동차는 르노였다. 사고로 죽은 마르셀을 대신해 르노 삼 형제 중 막내인 루이 르노의 동승 정비사였던 시스가 참가한 거였다. 사람들은 서사가 있는 르노의 스토리에 열광했다.

르노의 판매량은 프랑스 국내와 해외를 가리지 않고 늘어났다. 그랑프리 우승은 모든 자동차 회사가 바라는 목표가 되었다.

막 시작되던 자동차 경주의 세계를 동경의 눈으로 바라보던 한 소년이 있었다. 모데나 태생의 소년은 열 살 때 볼로냐에서 치러진 경주를 보고 레이서의 꿈을 키웠다. 페루치오 람보르기니보다 18년 먼저 태어난 그 소년의 이름은 엔초 페라리였다.

페라리라는 성은 이탈리아어로 '철을 다루는 대장장이'를 뜻했다.[1] 페라리의 아빠는 모데나에서 변변치 못한 철공소를 운영했다. 가정 형편이 좋지 않았던 페라리는 초등학교도 제대로 다니지 못했다. 게다가 제1차 세계 대전 중 유행하던 독감으로 아빠와 큰형을 잃었다.

스무 살 때 제1차 세계 대전이 끝나면서 페라리는 이탈리아 육군에서 제대했다. 3산악포병연대에서 복무했던 그가 자동차에 대해 아는 건 거의 없었다. 그럼에도 굴하지 않고 자동차 회사의 문을 두드렸다. 테스트 드라이버로 취직하는 데 성공한 페라리는 다음 해 용하게도 레이서로 데뷔했다.

1년 뒤인 1920년 페라리는 회사를 옮겼다. 1910년에 밀라노에 생긴 알파로메오였다. 원래의 회사명은 롬바르디아 자동차 공장의 앞 글자를 조합한 말인 알파였는데, 1915년 니콜라 로메오에게 인수되면서 로메오가 추가되었다. 에밀리아로마냐의 북서쪽에 면한 롬바르디아의 중심 도시가 밀라노였다.

1911년부터 자동차 경주에 참가해 온 알파로메오 팀은 1920년부터 빛을 보기 시작했다. 팀을 대표하는 지우세페 캄파리가 이탈리아의 한 대회에서 우승을 차지한 게 시발점이

---

1   페라리와 직접적인 관련은 없으나 그가 살던 모데나에서 가까운 '페라라'라는 도시도 대장장이가 사는 곳을 의미했다. 페라리와 페라라 모두 철을 뜻하는 원소 이름 페룸에서 파생된 단어다.

었다. 1924년 프랑스 그랑프리를 포함해 그랑프리를 모두 세 번 우승한 캄파리는 당대 최고의 레이서 중 한 명이었다.

자동차 경주, 특히 그랑프리는 여전히 위험한 대회였다. 알파로메오 소속으로 1924년 이탈리아 그랑프리와 1925년 벨기에 그랑프리를 연달아 석권한 안토니오 아스카리는 바로 다음 대회인 1925년 프랑스 그랑프리에서 차가 뒤집어지 면서 죽었다.

1923년에 그랑프리보다 덜 유명한 대회에서 처음 우승한 페라리는 견고한 드라이버였지만 캄파리나 아스카리 만큼의 성적을 내지는 못했다. 페라리가 보기에 아무리 그랑프리 우 승이 좋아도 목숨을 걸 정도는 아니었다.

페라리는 레이서로서의 기량을 능가하는 자신의 새로운 기량을 발견했다. 그건 레이싱 팀을 관리하고 운영하는 일이 었다. 페라리는 서른한 살 때인 1929년 자신의 성을 딴 팀을 만들었다. 자동차 경주 세계에서 전설이 될 스쿠데리아 페라 리였다.

스쿠데리아는 이탈리아어로 마구간을 뜻했다. 그렇지만 말들이 얌전히 갇혀 있다는 의미의 마구간과는 어원이 달랐 다. 이의 어원은 로마군의 방패인 스쿠툼이었다. 즉, 이는 방패와 창을 든 채 말 타고 대결하는 시합, 즉 토너먼트를 벌이는 기사들의 마구간이었다. 자연스럽게 스쿠데리아에는 한 팀으로 싸우는 마상 기사들이라는 의미가 생겼다. 페라리에게 자신의 팀 선수들은 토너먼트에 참가하는 기사들과 다름이 없었다.

페라리가 스쿠데리아라는 단어를 택한 데에는 다른 이유도 있었다. 페라리 팀을 상징하는 엠블럼은 노란 방패를 배경으로 앞발을 든 채 날뛰는 검은 말이었다. 엠블럼 자체는 새로 만들었지만 날뛰는 말이라는 상징은 원래 주인이 따로 있었다. 페라리보다 열 살 많은 공작 프란체스코 바라카였다. 날뛰는 말은 1932년부터 스쿠데리아 페라리의 경주 차에 사용되기 시작했다.[2]

스쿠데리아 페라리는 1932년에 처음으로 그랑프리에 나섰지만 특별한 성과는 없었다. 그런데 의외의 운이 페라리에게 찾아왔다. 1933년 경영 악화가 누적된 알파로메오가 국유

---

2   라벤나 근방에서 태어난 바라카는 제1차 세계 대전의 이탈리아군 전투기 조종사였다. 1916년 4월에 첫 번째 격추를 기록한 이래로 그는 1918년 5월까지 모두 34기의 적기를 떨어뜨렸다. 그의 격추 기록은 이탈리아군 전체에서 가장 높았다. 자기 가문의 문장인 날뛰는 말이 그려진 비행기를 몰던 바라카는 1918년 6월 오스트리아-헝가리군의 참호를 공격하다가 죽었다.

화되면서 자체 레이싱 팀을 해체한 거였다.

직장을 잃은 알파로메오의 정상급 레이서들이 스쿠데리아 페라리에 합류했다. 그 결과 스쿠데리아 페라리는 1933년 이탈리아부터 1934년 프랑스까지 네 번 연달아 그랑프리 우승을 차지했다. 알파로메오는 스쿠데리아 페라리와 계약을 맺고 경주 차와 비용 등을 제공했다.

그러나 기쁨도 잠시, 1934년 독일 그랑프리부터 스쿠데리아 페라리의 성적이 추락했다. 아우디의 전신인 아우토 우니온과 1926년 다임러와 벤츠가 합병해 탄생한 다임러-벤츠에게 압도된 때문이었다.

알파로메오는 더 이상 우승을 하지 못하는 스쿠데리아 페라리를 지원할 필요를 못 느꼈다. 1937년을 끝으로 알파로메오는 레이싱 팀을 다시 직접 운영하기 시작했다. 1939년 허수아비 신세가 된 페라리는 알파로메오를 뛰쳐나왔다. 페라리 인생의 큰 고비였다.

마흔한 살의 페라리는 모데나에 자기 회사를 차렸다. 명목상 자동차 부품을 제작하는 회사였다. 알파로메오를 그만두면서 페라리는 4년 동안 경주용 자동차를 만들지 않는다는 비경쟁 조항에 서명했었다. 하지만 나온 지 얼마 지나지 않아 사실상 두 대의 경주용 자동차를 만들었다. 이대로 시간이 계속 갔더라면 소송에 휘말려 그대로 회사가 망해도 이상하지 않았을 일이었다.

운 좋게도 곧바로 이어진 이탈리아의 제2차 세계 대전 참전은 소송의 가능성을 없애버렸다. 포를리 태생의 두체, 베니토 무솔리니는 페라리의 작업장에서 이탈리아군의 항공기 엔진과 공작 기계가 생산되도록 시켰다. 비즈니스 관점에서 전쟁 중 군수품 생산은 수지가 맞는 사업이었다. 페라리는 적지 않은 돈을 이때 모았다. 연합군 폭격기의 공습을 받기는 했지만 페라리는 오히려 모데나에서 남쪽으로 10킬로미터 정도 떨어진 마라넬로에 새로운 공장을 짓는 기회로 삼았다.

1945년 제2차 세계 대전이 끝나면서 페라리는 1939년에 세운 자신의 회사 이름을 페라리로 바꿨다. 스쿠데리아 페라리는 이제 알파로메오가 아닌 빨간색 페라리 경주 차로 그랑프리에 참가했다.

스쿠데리아 페라리는 1949년 스위스와 이탈리아 그랑프리에서 우승하며 '날뛰는 말'이 돌아왔음을 알렸다. 그 우승자는 1920년대의 스쿠데리아 페라리를 대표했던 안토니오 아스카리의 아들 알베르토였다. 알베르토 아스카리는 1950

년부터 시작된 포뮬러원에서도 1952년과 1953년 연속으로 세계 챔피언이 되었다.

페라리는 경주용 자동차만 만들지 않았다. 1954년부터는 일반 도로에 적합한 그란 투리스모, 즉 그랜드 투어러를 내놓기 시작했다.

그랜드 투어러란 속도와 주행 조종 성능이 전부인 스포츠카가 아니라 장거리 자동차 여행을 목표로 디자인된 차였다. 페라리 경주용 자동차와 고성능 엔진을 공유하는 페라리 그란 투리스모는 성능과 호사를 동시에 원하는 사람들의 드림카가 되었다.

바다의 신 넵투누스의 삼지창을 품은
볼로냐의 5형제

람보르기니가 자신의 자동차 회사를 세운 1963년, 고급 스포츠카는 페라리만 만드는 게 아니었다. 그랑프리 우승과 포뮬러원 세계 챔피언의 기록을 가진 것은 물론 그란 투리스모의 명성은 페라리를 능가하는 회사가 존재했다. 바로 마세라티였다.

마세라티의 역사는 1939년에 설립된 페라리보다 길었다. 철도 기관사였던 로돌포 마세라티의 넷째 아들 알피에리는 스물일곱 살 때인 1914년 자신의 이름을 딴 공장을 동생 에토레와 함께 볼로냐에 세웠다. 알피에리는 페라리보다 열한 살이 많았다. 제1차 세계 대전 중에는 로돌포의 일곱째 아들이자 살아 있는 다섯 형제 중 막내인 에르네스토가 공장을 운영했다.

마세라티의 전환점은 1926년이었다. 자동차 회사 디아토의 레이서면서 수석 정비사였던 알피에리가 디아토를 그만두고 직접 경주용 자동차를 만들기로 결심했기 때문이었다. 즉, 마세라티의 초창기 비즈니스는 알피에리, 에토레, 에르네스토가 공동으로 노력해 만들어냈다. 알피에리와 에르네스토는 직접 마세라티를 몰고 자동차 경주에도 참가했다.

마세라티 다섯 형제 중 셋째인 마리오는 형제 중 유일하게 엔지니어가 아니었다. 그럼에도 마리오 역시 마세라티의 비즈니스에 기여했다. 화가였던 마리오는 1926년 볼로냐의 넵투누스 분수 동상에서 영감을 얻어 마세라티의 엠블럼을 직접 디자인했다. 넵투누스를 표상하는 무기 삼지창이 마세라티의 얼굴이 된 까닭이었다.

레이싱은 위험한 직업이었다. 1927년 알피에리는 경주 도중 차가 뒤집히며 크게 다쳤다. 사고의 후유증에 시달리던 그는 1932년 수술 부작용으로 죽었다. 당시 자동차 회사 이소타 프라스치니의 엔지니어였던 빈도는 죽은 동생 알피에리의 자리를 메꿨다.

마세라티 형제들은 1937년 회사의 모든 주식을 여러 사업을 하던 아돌포 오르시에게 팔았다. 빈도, 에토레, 에르네스토는 최소 10년간 마세라티에 남아 일해야 한다는 조건을 받아들였다.

오르시는 1940년에 회사 마세라티를 자신의 본거지인 모데나로 옮겼다. 1947년 의무 근무 조항이 풀리자 마세라티 세 형제는 다시 볼로냐에 오스카라는 자동차 회사를 세웠다.

모터스포츠에서 마세라티는 최소한 페라리와 동급이었다. 페라리가 경주용 자동차를 만들기 시작한 1947년 이래로 1949년까지 마세라티는 두 번 그랑프리 우승을 해 페라리와 우승 횟수가 같았다. 포뮬러원에서도 1954년과 1957년에 세계 챔피언에 올라 성가를 드높였다.

특히 1957년의 세계 챔피언 후안 마누엘 판히오는 당시 마흔여섯 살로 아직까지도 깨지지 않는 최고령 세계 챔피언 이었다. 마세라티의 경주용 자동차는 1930년대에 두 번의 그랑프리 우승도 기록했다.

1958년 마세라티는 회사 차원에서 자동차 경주 대회에 참가하던 걸 그만뒀다. 1957년에 발생한 이른바 구이디촐로 비극이 이유였다.

1,600킬로미터가 넘는 이탈리아 천 마일 경주에 참가한 스쿠데리아 페라리 소속의 알폰소 포르타고는 구이디촐로를 지날 때 타이어가 터지며 차를 통제할 수 없게 됐다.

시속 240킬로미터로 달리던 포르타고의 페라리는 길가에 있던 관중을 덮쳤다. 다섯 명의 어린이를 포함한 아홉 명의 구경꾼이 죽고 차에 같이 탔던 항법사와 본인도 사망했다. 과실 치사 혐의로 재판을 받은 페라리는 1961년에 겨우 무죄로 풀려났다.

마세라티는 레이싱 팀을 해체했을 뿐 경주 차 생산을 중단한 건 아니었다. 1960년까지는 포뮬러원에 마세라티가 제작한 경주 차를 타고 개인 자격으로 참가하는 레이서가 존재했다. 그 이후로도 마세라티 엔진을 장착한 경주용 자동차가 드물지 않았다.

그렇지만 마세라티의 소유주 오르시는 그란 투리스모에 집중하기로 마음먹었다. 1957년에 처음 등장한 마세라티의 그란 투리스모 3500 GT는 시장의 뜨거운 반응을 불러일으켰다. 1958년에 118대가 팔린 3500 GT는 1961년에는 500대까지 판매량이 늘었다. 이는 1960년에 기업공개상장에 성공한 페라리가 1961년에 생산한 모든 차량의 수인 441대보다도 많은 결과였다.

희한하게도 볼로냐와 모데나를 포함한 에밀리아로마냐는 고급 자동차의 탄생지와도 같다. 앞에 나온 페라리와 마세라티는 물론이거니와 쾨닉세그, 부가티와 함께 요즘 3대 하이퍼카 중 하나로 꼽히는 파가니 또한 볼로냐와 모데나 사이에 위치한 카스텔프랑코 에밀리아에 자리 잡고 있다. 시야를 조금 더 넓히면 성깔 있는 최고의 모터바이크로서 '바이크계의 페라리'라는 별명을 가진 두카티도 본사가 볼로냐에 있다.

페라리, 마세라티와 다른 길을 걸어간
지오반니 아넬리

페라리나 마세라티는 세부 사항은 달랐지만 크게 보면 같은
사상으로 운영되는 회사였다. 으뜸가는 성능의 차량을 만들
고 최고급 브랜드 이미지를 유지해 비싼 값에 파는 전략이었
다. 시계로 치면 파텍필립, 핸드백이라면 에르메스 그리고 샴
페인이라면 돔페리뇽과 같은 맥락이었다.

자동차 회사를 운영할 때 최고급 고가 전략만 있는 건 아
니었다. 다른 접근 방식이 성립하지 말란 법은 없었다. 대표
적으로 피아트가 그랬다. 피아트는 벤츠, 다임러, 푸조와 마
찬가지로 19세기에 시작된 회사였다. 르노와 똑같이 1899년
에 세워진 피아트는 자동차 산업에서 큰 획을 그은 포드보다
도 역사가 길었다.

피아트가 이탈리아에서 가장 먼저 생긴 자동차 회사는 아
니었다. 1889년에 생긴 스테파니니-마르티나는 피아트보다
10년이나 앞섰다. 또 파도바대학교의 엔리코 베르나르디는
1884년 칼 벤츠보다 1~2년 먼저 휘발유 엔진을 단 삼륜차를

개발했다. 베르나르디의 회사는 1894년부터 1901년에 청산될 때까지 약 100대의 자동차를 생산했다.

피아트를 세운 사람은 한 명이 아닌 아홉 명이었다. 그들은 마세라티 형제처럼 혈연관계는 아니었다. 더욱이 성이 피아트인 사람도 없었다. 피아트라는 이름은 '바이에른 자동차 회사'가 베엠베BMW라는 두문자어로 불리는 것처럼 '토리노 이탈리아 자동차 공장'의 두문자어였다.

피가 섞인 가족은 아니었지만 그들을 엮어주는 게 하나 있었다. 바로 지연이었다. 창업자 모두는 토리노 태생이었다. 직업은 이탈리아 상원 의원, 사업가 공작, 변호사, 언론인 등으로 다양했고 심지어 전직 축구 선수도 두 명 있었다. 토리노가 속한 피에몬테는 15세기 이래로 프랑스 남쪽 사보이아 공국의 영토였다. 그들은 피에몬테 사람이라는 정체성을 공유했다.

피아트의 초창기는 다른 자동차 회사와 크게 다르지 않았다. 즉 피아트도 모터스포츠에서 성과를 내려고 공들였다. 일례로 마르셀 르노가 죽었던 1903년 파리-마드리드 경주에 이미 두 대의 피아트가 참가했다.

피아트의 첫 번째 그랑프리 우승은 제2회 대회였던 1907년 프랑스 그랑프리였다. 이때의 우승자 펠리체 나차로는 15년 뒤 1922년 프랑스 그랑프리에서 다시 피아트를 몰고 우승했다. 페라리가 열 살 때 자동차 경주를 본 후 자신의 우상으로 삼은 사람이 바로 나차로였다. 피아트는 1922년과 1923년의 이탈리아 그랑프리 우승도 차지했다. 나차로를 비롯해 이탈리아 그랑프리 우승자 피에트로 보르디노와 카를로 살라마노는 모두 토리노 토박이였다.

그런데 그게 전부가 아니었다. 피아트의 행보는 처음부터 어딘가 달랐다. 공동 창업자 9명 중 한 명으로 1902년에 피아트의 최고 경영자가 된 지오반니 아넬리 덕분이었다. 알피에리 마세라티보다 스물한 살 많았던 아넬리는 토리노 외곽의 빌라르 페로자 태생이었다. 모데나의 군사학교를 졸업하고 이탈리아 육군 기병 장교로 복무하던 그가 스물여섯 살 때인 1893년 집으로 돌아온 건 아버지의 뒤를 이어 빌라르 페로자의 시장이 되기 위해서였다.

아넬리는 피아트의 자동차 경주를 뒷받침하면서도 동시에 어떻게 하면 더 많은 차를 팔 수 있을까를 고민했다. 피아트의 첫 번째 차종은 28대 팔리는 데 그쳤지만 새로운 차종을 빠르게 추가한 피아트는 1903년에 135대를 팔며 이미 손익분기점을 넘겼다. 또한 다른 회사들이 더 빠른 차의 개발에만 집중하는 동안 피아트는 그해 트럭도 내놓았다. 1902년부터 기업공개상장을 목표한 아녤리의 지휘 아래 피아트는 1906년 밀라노증권거래소에 상장되었다. 그해 피아트 판매 대수는 1,149대였다.

아녤리는 한 사람을 주목했다. 자신과는 달리 엔지니어로서 자기 차를 직접 만들어 경주에도 참가했던 사람이었다. 그랬던 사람이 1908년에 내놓은 차는 결이 사뭇 달랐다. 꼭 필요한 기능은 갖추되 필수가 아닌 건 없앤 그 차의 목표는 처음부터 속도나 호사가 아닌 대량 생산이었다. 바로 아녤리보다 세 살 많은 헨리 포드의 모델 T였다.

포드는 선각자였다. 모델 T는 단순하고 표준화된 부품을 이용하는 디자인 덕분에 처음부터 대량 생산이 가능했다. 1909년에 10,666대가 생산된 모델 T는 3년 뒤인 1912년에는 68,733대로 여섯 배가량 생산량이 늘었다. 게다가 시카고의 공장화된 도살장에서 영감을 얻어 컨베이어 벨트로 조립 라인을 구성한 1913년에 이르러서는 생산량이 170,211대로 수직 상승했다.

게다가 포드는 모델 T의 가격을 공격적으로 낮추었다. 가령 1914년의 가격은 1910년 가격의 반에도 못 미쳤다. 많이 만드는 만큼 1대당 제조 비용은 낮아지기 마련이었다. 포드는 그러한 비용 절감의 혜택을 구매자에게도 나눠주겠다는 생각이었다.

물론 가격을 낮추면 더 많은 차를 팔 수 있을 거라는 계산도 서 있었다. 대량 생산과 낮은 가격은 선순환하며 서로를 견인했다.

그게 끝이 아니었다. 포드는 1914년 자신의 회사 직원들의 연봉을 단숨에 두 배로 올렸다. 회사가 번 이익을 직원들에게 돌려준다는 개념과 그만큼 직원들이 모델 T를 더 쉽게 살 거라는 개념이 합쳐진 결과였다.

1926년에는 토요일과 일요일에 아예 회사 문을 닫았다. 하루에 여덟 시간, 일주일에 5일만 일하는 주 5일 근무제를 세계 최초로 도입한 거였다.

1906년 아녤리는 미국으로 건너가 헨리 포드를 만났다. 이는 "자동차는 부자들의 전유물이 되어서는 안 되며 대중이 탈 수 있도록 저렴하면서도 성능이 우수해야 한다"는 그의 소신이 굳어진 계기였다.

일례로 1936년에 출시된 '작은 쥐'라는 별명의 500 토폴리노는 아녤리의 그러한 신념을 잘 보여주었다. 아녤리는 포드에게 배운 대로 직원 복지도 좋았다.

아녤리에게 밝은 면만 있지는 않았다. 그는 군대에서 배운 대로 피아트 내에서 무조건적인 규율 준수와 절대 복종을 요구했다. 그에게 회사와 군대는 같은 거였다.

또한 포드자동차가 이탈리아에 직접 진출하려 하자 이를 막아달라고 간청한 상대가 1922년에 이탈리아의 정권을 획득한 파시스트당이었다. 무솔리니는 관세 장벽을 세우고 원재료에 대한 수입 관세를 면제하는 등 아녤리의 애원에 화답했다. 피아트가 전체주의 파시스트 정권의 지지 세력이 된 건 물론이었다.

1935년 이탈리아가 에티오피아를 침공하면서 시작된 제2차 이탈리아-에티오피아 전쟁에서 이탈리아군의 유일한 전차는 피아트 3000이었다. 이는 르노의 FT-17을 피아트가 면허 생산한 전차였다. 제2차 세계 대전 때 북아프리카에서 아쉬운 성능으로 유명했던 이탈리아군 전차도 피아트 물건이었다. '1940년에 제식화된 13톤 중형 전차'를 뜻하는 M13/40는 피아트가 독자 개발한 전차였다.

모험사업과 창업이
주사위 던지기와 다른 이유는?

비즈니스에서 사업 영역의 확장은 드물지 않다. 이는 특히 기존 사업의 성장이 정체되었을 때 매력적이다. 그 방법도 그렇게 어렵지는 않다. 무엇보다도 가지고 있는 자본이 충분하다면 그걸로 다른 회사를 인수하면 된다. 이른바 인수 합병이다.

여기에는 한 가지 문제가 있다. 과거 인수 합병의 성공 빈도율이 높게 잡아도 50퍼센트 정도에 그친다는 점이다. 사실 현실은 그보다 더 나쁘다. 〈하버드비즈니스리뷰〉에 따르면 실제 성공 빈도율은 10에서 30퍼센트에 그친다.

다른 방법이 없지는 않다. '초록 들판greenfield' 방식이다. 아무것도 지어진 적이 없는 땅을 상징하는 초록 들판처럼 무에서 유를 창조하는 걸 가리키는 말이다. 없던 회사를 세우고 그 회사를 키우는 건 스타트업을 하는 것과 다르지 않다. 안타깝게도 스타트업의 성공 빈도율은 인수 합병보다도 낮다.

람보르기니가 했던 것처럼 트랙터를 만들던 사람이 스포

츠카를 만들겠다는 건 순수한 초록 들판은 아닐 수 있다. 기계공학의 관점으로 보면 둘 사이의 공통점은 강호동과 우사인 볼트 사이만큼은 된다. 반대로 스포츠카를 만들던 사람이 트랙터를 만들겠다고 했다면 최소한 기술적 가능성만큼은 의심받지 않았을 수 있다. 다만 '굳이 왜?'라는 의문을 피할 길은 없다.

물론 공통점만으로 모든 게 해결되는 건 아니다. 천하장사 시절의 강호동이라 해도 100미터를 9초대로 뛸 가능성은 제로다. 그만큼 트랙터나 만들던 람보르기니가 페라리 이상의 스포츠카를 만들겠다는 건 엉뚱하다 못해 기막힌 얘기다.

그런 람보르기니의 결심을 빈도 관점의 확률로 설명할 수 있을까? 이게 불가능하다면 빈도 확률은 대학수학능력시험 볼 때나 소용이 있을 뿐 사실상 쓸모없는 도구다.

가령 앞에 나온 페라리와 마세라티를 보고 스포츠카 회사는 성공 가능성이 높다고 판단한 걸까? 페라리는 성공 사례가 맞지만 마세라티는 못 버티고 회사를 11년 만에 팔았기에 기껏해야 절반의 성공이다. 무엇보다 이 사례만 보고 결정했다면 '생존자에게 속는 꼴'이다.

일례로 루이지 스토레로를 들 수 있다. 스토레로는 1903년 파리-마드리드 경주 때 피아트로 참가한 두 명의 드라이버 중 한 명이었다. 역시 토리노 태생인 스토레로는 1910년 피아트를 뛰쳐나와 스토레로 자동차 공장을 설립했다. 스토레로 자동차 공장은 1919년에 문을 닫았다.

또 다른 예는 앞에서 언급됐던 펠리체 나차로다. 1907년 프랑스 그랑프리 우승자인 나차로는 1911년에 피아트를 그만두고 자신의 회사 나차로 자동차 공장을 세웠다. 밀린 빚을 갚지 못해 1916년에 정리된 나차로 자동차 공장은 그 시점까지 약 280대의 차를 생산하는 데 그쳤다.

마세라티 삼 형제가 1947년에 세운 오스카도 여기에 속했다. 오스카는 포뮬러원에 계속 도전했지만 변변한 결과를 얻지 못했다. 결국 세 형제는 1963년에 회사를 모터바이크 회사의 창업주 도메니코 아구스타에게 팔았다. 아구스타는 1967년 오스카를 청산했다.

이 리스트는 끝없이 계속될 수 있다. 즉 스포츠카 회사의 성공 빈도율은 전혀 높지 않았다. 여기에 람보르기니의 구체적 상황까지 헤아리면 아예 답이 없었다. 트랙터 회사를 하다가 스포츠카 회사를 만든 역사적 사례는 존재하지 않았다.

람보르기니의 결심은 이 책으로 쉽게 설명이 가능하다.

1921년 아이오와주립대학교의 프랭크 나이트가 쓴《리스크, 불확실성, 이윤》이다. 나이트는 리스크와 불확실성을 구별했다. 리스크는 빈도 확률로 표현되는 대상이었다. 나이트가 든 리스크의 대표적인 예는 공장에 화재가 날 가능성이었다.

나이트는 회사의 수익성이 높은 이유는 리스크와 무관하다고 봤다. 즉 리스크는 회사 경영에서 중요한 변수가 아니었다. 말하자면 높은 수익성은 빈도 확률로 표현될 수 없는 '불확실성' 때문이라는 거였다.

람보르기니의 결심을 빈도 확률로 설명할 방법은 없지만 빈도와 무관한 확률로 설명하는 건 가능하다. 성공할 확률과 또 성공시의 이익 규모를 충분히 크게 보지 않았다면 람보르기니가 스포츠카 회사를 세우는 결정을 내렸을 리는 없었다.

트랙터를 만들던 람보르기니, 꿈의 스포츠카를 만들다

람보르기니에게 레이싱의 경험이 아예 없는 건 아니었다. 그는 1947년 이탈리아 천 마일 경주에 자신이 만든 차로 직접 참가했다. 이탈리아 천 마일 경주는 10년 뒤 스쿠데리아 페라리 소속의 알폰소 포르타고가 사고로 죽게 될 바로 그 대회였다. 람보르기니는 토리노 북쪽 약 20킬로미터 떨어진 피아노에서 길가의 카페를 덮쳤다. 다행히 드라이버를 포함해 다친 사람은 없었다. 람보르기니는 카페에서 포도주 한 잔을 주문해 마시고 경주를 포기했다.

트랙터 회사로 큰돈을 번 람보르기니는 1950년대 초반부터 최고급 차를 사 모으기 시작했다. 그가 몰던 차에는 알파 로메오, 메르세데스벤츠, 재규어 등이 있었다. 람보르기니는 마세라티 그란 투리스모도 두 대나 가지고 있었다. 하지만 차가 무겁고 속도가 빠르지 않다고 느꼈다.

람보르기니는 페라리의 그란 투리스모도 여러 대 사들였다. 페라리의 성능과 상품성은 그의 기대에 못 미쳤다. 우선 성능 면에서 엔진의 구동력을 변속기에 전달하는 클러치의 결함이 심각했다. 고장 난 클러치를 수리하러 마라넬로의 페라리 공장에 간 게 한두 번이 아니었다.

그는 페라리의 클러치를 직접 개조해 오리지널 페라리보다 더 나은 성능이 나오는 걸 확인했다. 또한 상품성 면에서도 페라리는 그란 투리스모라는 말에 걸맞지 않게 빈약했다. 람보르기니는 그란 투리스모의 내부가 더 사치스러워야 한다고 믿었다.

람보르기니는 두려움이 별로 없는 사람이었다. 그는 자기보다 열여덟 살이 많은 페라리를 찾아갔다. 모터스포츠계의 황제나 진배없던 페라리는 람보르기니가 시답지 않았다.

페라리는 클러치 문제를 자기가 해결할 수 있다고 장담하는 람보르기니를 내리 깔보며 쫓아버렸다. 이날의 푸대접이 자기 스포츠카 회사를 만들겠다는 람보르기니의 결심에 큰 영향을 준 건 틀림없었다.

람보르기니의 스포츠카는 처음부터 성공이었다. 1964년에 나온 최초 모델 350 GT는 모두 122대가 팔렸다. 성능을 조금 더 높인 400 GT도 275대가 시장에서 소화되었다.

1966년에는 세계 최초의 미드십 스포츠카인 미우라를 내놓았다. 미드십이란 엔진이 차량의 중간에 놓이는 걸 가리켰다. 즉, 람보르기니는 레이싱카에서나 쓰던 기술을 유려한 차체 디자인과 함께 처음으로 내놓은 거였다. 미우라는 모두 765대가 팔렸다.

그리고 람보르기니의 상징과도 같은 차가 1970년에 개발

되기 시작했다. 디아블로, 무르시엘라고, 갈라르도, 아벤타도르의 원조라고도 할 수 있는 카운타크였다. 1971년 제네바 모터쇼에서 처음 공개된 카운타크의 모습은 충격적이었다.

람보르기니는 단순히 빠르고 고급스러운 차를 만드는 데 그치지 않았다. 그는 애프터서비스를 중요하게 여겼다. 가령 손님이 산 자동차에 문제가 있으면 정비사를 직접 손님이 있는 곳으로 보냈다. 가는 데 시간이 너무 걸릴 것 같으면 비행기를 타고 가게 했다.

손님들이 직접 정비 공장에 차를 가져가야 하는 페라리보다 람보르기니를 더 좋아했음은 당연했다. 람보르기니의 새로운 비즈니스는 전례가 없었지만 성공이었다.

어떤 비즈니스도 영원한 건 없었다. 이는 자연 도태에 노출돼 있는 생물종과 같은 처지였다. 지구를 지배하던 공룡도 운석 충돌 후 환경이 바뀐 탓에 멸종되었다. 번성하는 회사도 그런 운명을 피해가기는 어려웠다.

밝은 미래만 있을 것 같던 람보르기니에게 갑자기 위기가 닥쳐왔다. 시작은 트랙터 회사였다. 남아프리카와 볼리비아가 수입 계약을 갑자기 취소하면서 막대한 재고가 생겼다. 람보르기니는 자금 흐름이 나빠진 스포츠카 회사의 주식 51퍼센트를 당시 돈 7억 원에 스위스 사업가 조르주앙리 로세티에게 팔았다.

카운타크 개발을 지휘하던 람보르기니에게 최후의 일격을 가한 건 1973년의 1차 석유 파동이었다. 그해 10월 6일에 시작된 4차 중동 전쟁에서 미국이 이스라엘을 편들어 무기와 탄약을 보내자 아랍 국가들이 보복 차원에서 원유 생산을 줄인 거였다.

기름 잡아먹는 하마인 스포츠카에 더 이상 장래는 없다고 결론 내린 람보르기니는 염증이 났는지 모든 걸 내려놓았다. 1973년 트랙터 회사의 자기 주식 전체를 경쟁사에 판 데 이어 1974년 스포츠카 회사의 남은 주식 49퍼센트를 르네 레이머에게 넘겼다.

말년의 람보르기니는 자신의 출발점으로 되돌아갔다. 지역의 의미는 아니었다. 에밀리아로마냐의 남쪽에 위치한 움브리아의 트라시메노 호수가에 자리 잡은 람보르기니는 자신의 포도원을 가꾸며 여생을 보냈다.

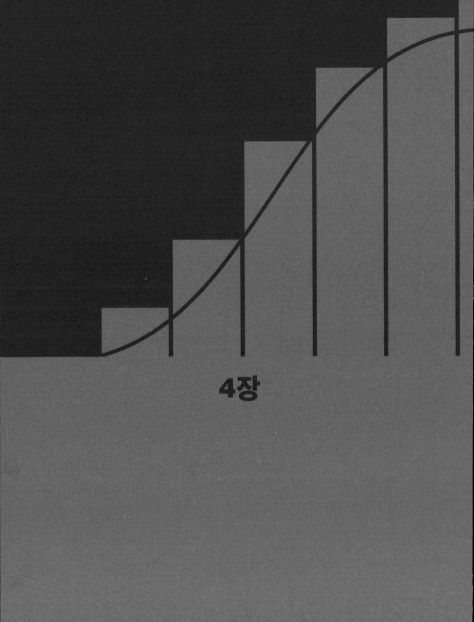

4장

평균의 함정을
피한다

히잡을 자율화했던 독재자를 몰아낸
페르시아의 후예

1973년 1차 석유 파동의 영향을 받은 건 미국과 서구만이 아니었다. 석유가 나지 않는 한국도 그중 하나였다. 미국이 어떻게 생각하든 서남아시아의 이슬람 국가와 좋은 관계를 만들려는 시도는 국가의 생존이 달린 문제였다.

그 몸부림 중 하나가 1974년에 착공돼 1976년에 문을 연 서울 한남동의 모스크, 즉 이슬람 사원이었다. 건축 비용은 이슬람의 발상지인 메카를 영토로 둔 사우디아라비아가 주로 부담하고 다른 이슬람 국가들도 조금씩 보탰지만 땅은 한국 정부가 제공했다.

한국이 이슬람 국가와 접촉한 근래의 사례는 1950년의 한국 전쟁이었다. 튀르키예는 미국에 이어 두 번째로 한국 파병을 결정한 나라였다. 그것도 독립 작전이 가능한 1개 여단 규모의 대규모 파병이었다.

1950년 10월 17일 부산항에 도착한 튀르키예군은 11월 말 적지 않은 피해를 입으면서도 청천강 근방의 요충지인 군우리를 완강히 지켜내 미국 9군단의 후퇴를 도왔다. 특히 1951년 1월 말의 김량장리 전투에서는 "알라후 아크바르!", 즉 "알라는 위대하다"를 외치며 총검으로 돌격해 고지의 중국군을 격멸하는 용맹을 떨쳤다.

사실 이슬람인과 교류했던 게 이때가 처음은 아니었다. 한족의 나라 명의 신하를 자처하느라 외교 문을 닫은 조선 시기가 오히려 예외에 해당했다.

《고려사》에 따르면 1024년 9월에는 "이달에 대식국의 열라자 등 100인이 와서 토산물을 바쳤다"는 기록이 있다. 대식국은 당시의 페르시아를 가리키는 말이었다. 13세기 말의 〈쌍화점〉에 나오는 '회회 아비' 역시 고려에 온 아랍 남자를 가리켰다.

고려 때 개성으로 이어지는 예성강 하구의 벽란도는 교역의 중심지였다. 이때 벽란도를 드나든 페르시아인들 덕분에 고려, 즉 '코레아'가 서구에 알려지게 되었다.

고려 이전에도 고대 한국과 이슬람인과 접촉했다는 기록이 없지 않았다. 가령 846년 페르시아의 이븐 쿠르다드비가 쓴《도로와 왕국 총람》에는 산과 황금이 많은 신라에 영구 정착한 이슬람인들에 대한 묘사가 있었다.

《삼국유사》에는 9세기 말 신라 헌강왕이 울산의 개운포에 나타난 동해 용의 아들 처용을 아낀 나머지 아름다운 여자와 결혼시켜 경주에 살게 한 이야기가 나왔다. 처용 탈의 이국적인 생김새로 보건대 처용이 아랍인이었을 가능성이 높았다.

지금 기준으로 보면 9세기에 설마 서남아시아에서 한국까지 올 방법이 있었을까 싶지만 그렇게 볼 일이 아니었다. 한국에서 가장 오래된 성씨 중 하나인 김해 김씨와 김해 허씨의 기원 때문이었다. 42년에 가락국 혹은 금관가야의 초대 왕이 된 김수로는 김해 김씨의 시조였다.

《삼국유사》에 따르면 48년 "바다의 서남쪽에서 붉은색의 돛을 단 배가 붉은 기를 매달고 북쪽을 향해 오고 있었다" 김수로는 그 배에 타고 있던 아유타국의 공주 허황옥을 왕후로 맞이했다. 아유타국은 오늘날 인도 중부 지역에 있던 나라였다. 김수로와 허황옥의 첫째 아들은 김해 김씨를 이은 반면 둘째와 셋째 아들은 새로 김해 허씨를 열었다. 어떤 연유든 1세기에 인도에서 가야로 올 방법이 있었다면 그 뒤로도 얼마든지 왕래가 가능했을 터였다.

1970년대에 이슬람 사원을 서울에 짓게 한 데에는 다른 이유도 있었다. 당시 한국의 건설 회사들은 서남아시아의 항만이나 도로를 짓는 대규모 건설 공사에 집중했다. 그렇기에 공사에 투입될 건설 노동자들이 현지에서 문제를 일으키지 않도록 최소한의 이슬람 관습을 교육시켜 내보내겠다는 생각이었다.

한국 정부에서 사우디아라비아와 더불어 가장 신경을 쓴 서남아시아 나라가 있었다. 기원전 그리스 도시 국가들이 버거워했고 최전성기의 로마보다도 영토가 넓었던 제국 페르시아의 후예, 이란이었다. 영토와 원유 생산량에서 이란과 사우디아라비아는 다른 서남아시아 국가에 비해 압도적인 2강이었다. 당시 국무총리를 위원장으로 하는 중동경제협력위원회의 실무 전담반도 이 두 나라의 현지 공관에만 설치되었다.

다른 측면으로 보면 이란은 서남아시아에서 가장 강한 나라였다. 스스로를 아랍인의 나라로 인식하는 곳들은 인구가 적었다. 예를 들어 사우디아라비아, 시리아, 예멘이 각각 약 600만 명, 이라크가 1,000만 명, 쿠웨이트는 80만 명이었다. 반면 이란의 인구는 3,000만 명이 넘었다. 즉 서남아시아 아랍계 국가들의 인구를 모두 합쳐야 이란만큼의 인구가 되었다. 3,500만 명의 인구를 가진 튀르키예는 이슬람 국가지만 아랍인의 국가는 아니었다. 튀르키예 사람들은 스스로를 돌궐의 후예로 인식했다. 돌궐은 고구려와 형제의 맹약을 맺은 사이였다.

이란이 중요한 또 다른 이유도 있었다. 다른 모든 보편 종교와 마찬가지로 이슬람교도 완전한 하나가 아니었다. 그들은 크게 보면 순니와 시아로 나뉘었다. 피로 얼룩진 사건에서 비롯되어 쪼개진 순니와 시아는 성직자의 성격을 서로 다르게 이해했다. 즉 순니의 성직자가 약간의 존경을 받는 일반인이라면 시아의 성직자는 영적으로 완벽한 최고 지도자였다. 순니보다 세력이 적은 시아의 핵심 국가가 바로 이란이었다. 과거 페르시아의 국교였던 조로아스터교의 영향으로 시아의 교리가 이란인들에게 더 가깝게 다가왔다.

한국이 이란에 공을 들인 이유는 그게 전부가 아니었다. 당시 이란은 미국의 동맹국이었다. 이란과 미국의 본격적인 관계는 1957년에 시작되었다. 소련의 진출을 막고 싶은 미국은 그해 이란-미국 원자력 협정을 맺었다. 1959년에는 이란과 상호방위조약도 체결했다. 같은 해에 중앙 조약 기구로 이름이 바뀐 중동 조약 기구에도 가입한 미국은 군대도 이란에 배치했다.

　　이란은 보통의 미국 동맹국이 아니었다. 대단히 중요한 동맹국이었다. 미국은 소련의 방공망을 도발하고 시험하는 작전을 이란의 공군 기지 기반으로 펼쳤다. 이는 미국 공군 조종사가 이란 공군 비행기를 타고 소련 영공을 실제로 침입하다가 수차례 격추되기도 한 거친 작전이었다.

　　미국이 이란을 얼마나 중요하게 여겼는지를 상징하는 사례는 따로 있었다. 바로 F-14 톰캣이었다. 1970년에 초도 비행에 성공하고 1974년에 미국 해군이 제식화한 톰캣을 이란은 1976년부터 운용하기 시작해 모두 79기를 보유했다. 이란 외에 톰캣을 사는 데 성공한 미국의 동맹국은 아무도 없었다. 미국은 1967년부터는 무기 등급으로 농축된 우라늄도 이란에 제공했다. 필요하다면 이란을 이스라엘과 같은 사실상의 핵무기 보유국으로 만들려는 뜻이었다.

이런 배경 아래 추진된 일이 서울과 이란 수도 테헤란의 자매결연이었다. 1977년 테헤란 시장 골람레자 닉페이는 이를 위해 서울을 직접 방문했다. 이때 닉페이가 두 도시의 도로 교환을 제안했다. 다시 말해 도로의 이름을 바꿔 부르자는 제안이었다. 그 결과 서울 강남의 삼릉로가 테헤란로로 이름이 바뀌었다. 한글과 이란어로 병기된 테헤란로 표지석은 2호선 삼성역 8번 출구 가까이에 설치되었다. 같은 해 이란 테헤란의 니야에시로가 서울로가 되었다.

이란의 왕 모하마드 레자 팔라비는 1963년 이른바 백색 혁명을 선언했다. 토지 개혁, 삼림 국유화, 중학교 무상 의무 교육 등이 포함된 백색 혁명의 19개 항목 중에는 공장의 노동자가 회사 이익의 20퍼센트를 나눠 받는 것도 있었다. 특히 팔라비는 여성에게 참정권을 주고 이슬람 율법이 강제하던 히잡 착용 의무를 없앴다.

모든 이란인이 팔라비의 정책을 좋아하진 않았다. 특히 영향력을 빼앗긴 이슬람 지도자들의 반발이 컸다. 토지 개혁도 불완전했던 탓에 소수의 부농만 키우는 결과를 가져왔다. 이러한 불만을 팔라비는 힘으로 억눌렀다. 팔라비에 반대하는 이들은 아무 때나 끌려가 고문당하고 쥐도 새도 모르게 죽임을 당했다. 동맹국인 미국과 이스라엘의 첩보 기관, 즉 중앙정보국과 모사드의 조련으로 1957년에 세워진 비밀경찰 사바크의 주된 임무가 그거였다.

그랬던 이란에 진짜 혁명이 일어났다. 아주 갑작스러운 일은 아니었다. 1977년 10월에 시작된 팔라비 반대 시민운동은 1978년에 격화되어 전국적인 시위와 파업으로 번졌다. 같은 해 9월 8일 이란군의 발포로 89명이 사망했다.

1979년 1월 팔라비는 새로운 총리를 임명하고 이란을 떴다. 같은 해 2월 새로운 총리를 지지하는 공수 부대 및 내무부 보안대와 귀국한 이슬람 지도자 아야톨라 루홀라 호메이니를 지지하는 육군 사이에 전투가 벌어졌다. 10여 일 동안 벌어진 전투의 승자는 육군이었다.

팔라비는 이란을 떠났지만 그걸로 끝난 게 아니었다. 이미 암 말기였던 팔라비는 치료를 위해 미국에 입국했다. 팔라비를 자국 내 법정에 세우려던 이란인들은 이를 미국의 또 다른 공작으로 여겼다. 급기야 1979년 11월 4일 학생 시위대가 서울로에서 남쪽 8킬로미터에 위치한 미국 대사관을 점거했다. 수십 명의 미국인이 이로써 이란의 인질이 되었다.

영국과 러시아는 오랫동안
이란을 괴롭혀온 대표적 외세

16세기 이래로 사파비드 왕조의 이란은 현재의 이라크는 물론이고 캅카스 전역을 영토로 두었다. 캅카스란 오늘날의 조지아, 아르메니아, 아제르바이잔과 러시아 남부의 체첸, 남오세티아, 다게스탄 등이 위치한 지역이었다. 당시 이란의 가장 큰 경쟁국은 오스만 왕조의 튀르키예였다. 이란 입장에서 튀르키예를 억제하는 건 그렇게 어렵지 않았다.

프랑스 혁명이 일어난 1789년에 시작된 이란의 카자르 왕조는 19세기 들어 곤경에 처했다. 축적된 힘을 바깥으로 투사하기 시작한 러시아가 감당이 되지 않아서였다.

1804년 러시아의 침공으로 시작된 전쟁은 1813년 캅카스의 대부분이 러시아 차지가 되면서 끝났다. 영국은 이란인의 손과 피로 러시아를 붙들어두기를 원했다. 영국의 꼬드김에 넘어간 이란은 1826년 러시아를 공격했다가 1828년 오히려 캅카스 전체와 전쟁 배상금으로 은화 2,000만 루블을 잃고 말았다.

테헤란의 미국 대사관 점거로부터 150년 전인 1829년 2월, 테헤란의 러시아 대사관이 성난 이란인 군중에게 점거되었다. 이들은 러시아인을 인질로 잡지 않고 막 부임한 대사를 포함해 거의 모두를 현장에서 죽였다. 난처해진 이란은 18세기에 무굴에서 빼앗아 온 89캐럿짜리 다이아몬드를 러시아에 바치는 걸로 겨우 무마했다. 이때 이후로 현재까지 이란은 캅카스에 대한 지배를 회복한 적이 없었다.

이러한 러시아의 남하를 누구보다도 경계한 나라가 영국이었다. 영국은 러시아와 벌이는 대결을 '그레이트 게임', 즉 큰 시합이라고 불렀다. 또 게임에는 시합이라는 뜻 외에 사냥감이라는 뜻도 있었다. 그러니까 페르시아, 튀르키예, 아프가니스탄은 영국이 사냥해 잡아먹을 먹잇감에 지나지 않았다. 1853년부터 1856년까지 벌어진 크림 전쟁도 영국이 튀르키예를 들러리로 세운 큰 시합의 일부였다.

영국이 가장 두려워한 시나리오는 인도를 러시아에 빼앗기는 거였다. 당시 인도는 몽골인의 후예가 세운 무굴이었다. 무굴이라는 말이 바로 몽골의 이란어 발음이었다. 영국 동인도회사가 지배하던 무굴은 제국주의 영국에게 '왕관의 보석'과도 같은 식민지였다. 1828년 이래로 러시아의 종속국 신세가 된 이란은 1856년 영국의 영향력이 미치는 아프가니스탄의 헤라트를 공격했다. 영국은 즉시 이란을 침공함으로써 자신의 뜻을 밝혔다. 영국과 이란의 전쟁은 1857년 전쟁 전 상태로 돌아가는 걸로 끝났다.

1879년 이란은 카자크 여단을 창설했다. 이는 러시아군의 카자크 기병 연대를 본뜬 부대였다. 카자크 여단의 지휘관과 장교는 모두 러시아 군인이었다. 이들은 이란의 왕 나세르가 1896년에 암살되자 그 아들 모자파르를 다음 왕으로 세우는 데 결정적인 힘을 행사했다. 이 말은 곧 러시아가 이란에 배치한 자국 군대를 통해 이란을 직접 좌지우지한다는 뜻이었다.

1905년 이란이 러시아의 손아귀에서 빠져나올 기회가 생겼다. 그해 전쟁에서 러시아가 일본에 완패한 덕분이었다. 이란인들은 앞으로 걷을 이란의 관세를 담보로 돈을 빌려 해외 순방만 다니는 모자파르를 반대하는 시위를 시작했다. 기회를 엿보던 영국은 테헤란의 영국 대사관을 시위대에게 개방했다. 1906년 모자파르는 의회에 권력을 넘기고 병으로 죽었다. 이슬람 세계에서 처음으로 발생한 시민 혁명이었다.

외세가 구워삶기에 민주 정부는 왕보다 귀찮은 존재였다. 1907년 모자파르의 아들 모함마드 알리가 왕을 자칭하자 영국은 잽싸게 그를 승인했다. 그리고 목소리가 줄어든 러시아를 압박해 짬짜미했다. 이란을 세 조각으로 나눠 북쪽은 러시아, 남쪽은 영국이 갖고 가운데만 완충 지대로 두는 협약을 맺은 거였다. 1909년 모함마드 알리를 대신해 그의 열한 살난 아들 아마드가 이란의 왕이 되었다.

20세기 이란의 숙명은 예기치 않던 일로 대못이 박혔다. 1901년 모자파르는 윌리엄 다시에게 60년간 유효한 이란 대부분 지역의 석유 채굴 독점권을 팔았다. 그 반대 급부로 모자파르가 받은 건 현재 돈으로 약 37억 원과 앞으로 발생할 순이익의 16퍼센트가 전부였다.

다시의 유전 탐사는 1908년까지 아무런 소득이 없었다. 돈이 다 떨어진 다시는 채굴권을 버마석유에 팔았다. 5월 초 버마석유는 현장 팀에게 탐사 중단을 지시했다. 그 지시를 무시한 현장 팀은 5월 26일 유전을 발견했다. 버마석유는 1909년 영국페르시아석유회사를 세웠다.

영국페르시아석유는 1914년 6월 새로운 최대 주주를 맞이했다. 주머니가 두둑한 영국 정부가 영국페르시아석유의 주식 53퍼센트를 갖게 된 거였다. 당시 해군부 1등 귀족 윈스턴 처칠이 군함의 연료로 석탄 대신 석유를 쓰기로 정했기 때문이었다. 영국의 해군부 1등 귀족은 다른 나라의 해군 장관과 같은 역할이었다. 자국 내에 유전이 있는 러시아나 미국과 달리 영국은 유전이 없었다. 영국은 영국페르시아석유를 자신의 전쟁 수행에 불가결한 대들보로 여겼다. 19세기의 이란이 러시아를 상대하는 데만 소용이 있었다면 20세기의 이란은 영국이 전 세계를 상대하는 데 필요했다.

1914년 제1차 세계 대전이 시작되면서 이란은 중립을 지켰다. 이란 서쪽의 튀르키예가 독일, 오스트리아-헝가리 편이 된 것과 대조적이었다. 필요한 만큼의 영토를 이미 차지하고 있던 영국과 러시아에게는 아무래도 상관없는 일이었다. 1916년 러시아는 이란의 카자크 여단을 사단 규모로 키웠다. 영국은 영국대로 남페르시아 소총 사단을 꾸려 지역 내 독립 세력을 진압하는 목적으로 운용했다.

1917년 혁명으로 러시아가 제1차 세계 대전에서 떨어져 나갔다. 소련으로 이름을 바꾼 러시아의 이란 북부 점령은 변함이 없었다. 소련을 상대로 한 영국의 군사 작전은 실패였다. 영국의 작은 소득이라면 러시아 군인이 지휘하던 카자크 여단을 접수했다는 정도였다.

1921년 영국은 카자크 여단 소속의 야심 많은 대령을 여단을 지휘하는 준장으로 승진시켰다. 영국의 사주를 받은 준장은 그해 쿠데타를 일으켜 정권을 쥐었다.

1923년 스물다섯 살의 이란 왕 아마드는 망명했다. 준장의 원래 생각은 이란을 공화국으로 선포하는 거였다. 그러나 두 세력이 이를 두고 반대했다. 영국과 이슬람 지도자들이었다. 특히 전자의 반대를 넘어설 수 없었던 여단장은 1925년 왕이 되었다. 여단장의 이름은 레자 팔라비였다.

영국의 꼭두각시로서 왕이 되었지만 레자는 영국의 영향력에서 벗어나려고 애를 썼다. 가령 영국이 소유한 페르시아 제국은행의 이란 내 지폐 독점 발행권을 되찾으려 했다. 특히 1901년에 체결된 석유 채굴권이 핵심이었다. 레자는 16퍼센트의 순이익을 25퍼센트로 올리려고 했다. 결국 1933년 20퍼센트로 올리는 데 성공했지만 그 과정에서 영국의 눈 밖에 났다.

레자는 영국의 입김을 다른 세력으로 통제하려고 했다. 바로 독일이었다. 외세를 외세로 통제하려는 시도는 대개 결말이 좋지 않았다. 2차 대전 중인 1941년 7월 영국은 이란 내 모든 독일인을 추방하라고 요구했다. 레자는 거부했다.

그해 8월 영국군과 소련군은 1907년에 그랬던 것처럼 이

란을 침공했다. 다음 달 레자의 아들 모함마드 레자가 새로운
왕으로 추대되었다.

1951년 이란 의회가 선출한 총리 모함마드 모사데크는
영국이란석유를 국유화했다. 국력이 옛날 같지 않았던 영국
은 유전자가 다르지 않은 미국을 끌어들였다. 1953년 미국의
중앙정보국은 모사데크를 쫓아내는 공작에 성공했다. 이제
이란의 외세는 미국이 되었다.

그란 사소 습격 혹은 작전 참나무가 시조인
공수 구출 작전

미국에게 외교관 인질 사건의 경험이 아예 없지는 않았다.
1960년대 말 이래로 라틴아메리카 주재 미국 외교관이 납치
되어 인질로 잡혔을 때 미국의 기본적인 입장은 이는 해당
국가가 책임을 지고 직접 해결해야 한다는 쪽이었다. 이러한
원칙은 실제로는 납치범이 요구하는 몸값이나 특정 인물의
석방에 미국이 협조하는 식으로 처리되곤 했다.

1970년대 들어 미국의 입장은 강경해졌다. 요구에 응하는 게 결과적으로 더 많은 미국 외교관을 인질로 만드는 길이 될 수 있다는 생각에서였다. 1973년 3월 총으로 무장한 여덟 명이 수단의 수도 하르툼의 사우디아라비아 대사관을 점거 하면서 열 명을 인질로 잡았다. 공격의 목표는 그날 사우디아 라비아 대사가 초대했던 미국 대사와 부대사였다.

당시 워터게이트 도청 사건을 무마하려고 애쓰던 공화당 소속 미국 대통령 리처드 닉슨은 "우리는 응할 수도 없고 응 하지도 않을 겁니다"라고 공개적으로 선언했다. 그날 미국 대 사와 부대사는 '검은 9월단'에게 목숨을 잃었다.

미국의 대응 방안에는 몇 가지가 있었다. 하나는 외교적 교섭이었다. 다행이라면 다행이랄까 인질을 죽이겠다는 위협 은 없었다. 이란의 첫째가는 요구 조건은 10월, 미국에 입국 한 팔라비의 이란 송환이었다. 미국은 관리 중인 다른 독재자 들에게 잘못된 신호를 줄 수 있는 이 방안을 좋아하지 않았 다. 12월 미국에서 쫓겨난 팔라비는 6개월 후 이집트에서 죽 었다.

다른 대응 방안은 통상의 군사적 수단이었다. 가령 전폭 기를 동원해 폭격을 한다든가 기뢰를 부설해 해상을 봉쇄한

다든가 하는 건 몇 년 전까지만 해도 미국이 동남아시아에서 자주 하던 일이었다. 문제는 이런 방안은 누군가를 죽이거나 무언가를 때려 부수는 데는 좋지만 누군가를 구해오는 데는 효과가 별로 없다는 점이었다.

한 가지 방법이 더 있기는 했다. 특수 부대를 투입해 인질을 구출해 오는 거였다. 이런 쪽의 작전은 세 가지 선결 조건이 있었다. 첫째는 인질이 잡혀 있는 정확한 위치 정보였다. 이걸 모르고서는 작전을 할 수가 없었다. 둘째는 특수 부대를 수송할 항공기의 존재였다. 이는 인질이 잡혀 있는 곳이 적대 지역이 아니면 생략 가능한 조건이었다. 적대 지역이라면 추가 조건으로서 하늘에서 땅으로 내려올 방법, 즉 낙하산, 글라이더, 비행장 착륙, 헬리콥터 중 하나를 정해야 했다. 셋째는 작전을 수행할 특수 부대의 존재였다. 앞의 두 조건이 만족되었다고 해도 이게 만족되지 않으면 작전은 불가능했다.

이런 작전이 가능하다는 건 1943년에 최초로 증명되었다. 그해 7월 말 전황이 불리해지자 이탈리아 왕 비토리오 에마누엘레 3세는 무솔리니를 해임했다. 새로운 총리가 된 피에트로 바돌리오는 파시스트당을 해체한 후 9월 초 연합국과 정전 협정을 맺었다. 헌병대에 체포되었던 무솔리니는 사람들의 눈에 안 띄게 지중해의 여러 섬을 거쳐 8월 말부터 이탈리아 중부에 위치한 그란 사소의 한 호텔에 갇혀 있었다. 이탈리아어로 거대한 바위를 뜻하는 그란 사소는 해발고도가 2,000미터가 넘는 바위산이었다.

암호 해독 등으로 무솔리니의 위치를 확인한 독일은 아끼는 칼을 꺼내 들었다. 공수 작전을 세계 최초로 실전에서 성공한 팔쉬름예거였다. 독일어로 낙하산 사냥꾼을 뜻하는 팔쉬름예거는 가령 1940년 5월 650명의 벨기에군이 지키는 요새 에반에마엘을 글라이더에서 뛰쳐나온 78명만으로 점령하는 묘기를 선보였다. 팔쉬름예거로 구성된 독일 공수 사단은 큰 피해를 보기는 했지만 1941년 지중해의 섬 크레타를 점령하는 전과도 올렸다.

1943년 9월 12일 오후 2시 5분, 8대의 독일군 글라이더가 호텔 주위의 좁은 경사면에 날아들었다. 그중 한 대는 추락해 탑승자 전원이 다쳤다. 글라이더 1대당 조종사 포함 10명씩 탄 독일군의 전체 병력은 100명에 못 미쳤다.

반면 무솔리니를 지키던 이탈리아 헌병은 200명이 넘었다. 그럼에도 그들은 팔쉬름예거가 데려온 로마 경찰 총감의 쏘지 말라는 명령에 순순히 응했다. 10분 뒤 독일군은 한 명의 전사자 없이 무솔리니를 데리고 호텔을 떠났다. 작전 참나무의 완벽한 성공이었다.

특수 부대의 인질 구출은 그란 사소 습격이 전부가 아니었다. 1970년대 후반 두 번의 성공 사례가 있었다. 첫 번째는 1976년 우간다의 엔테베 공항 강습이었다. 공중 납치된 에어프랑스 139편은 106명의 인질과 함께 이스라엘에 우호적이지 않은 중부 아프리카의 우간다에 잡혀 있었다. 3대의 C-130 허큘리스에 나눠 탄 약 100명의 이스라엘군은 4,000킬로미터를 날아 밤 11시에 공항에 전격 착륙했다. 작전 중 오인 사격 등으로 4명의 인질이 죽기는 했지만 부상자 10명을 포함한 나머지 102명을 구출해 이륙할 때까지 걸린 시간은 단 53분이었다. 이스라엘군의 피해는 1명 전사와 5명 부상에 그쳤다.

1977년 소말리아의 모가디슈 공항에서 벌어진 인질 구출은 더 완벽했다. 소말리아군의 우호적 지원 아래 서독 연방경찰 9국경수비단 소속 30명은 공중 납치됐던 루프트한자 181편을 새벽 2시에 급습했다. 이들은 이미 그전에 죽임을 당했던 기장을 제외하고 86명의 승객 모두와 부기장 등 승무원 4명을 구하는 데 성공했다. 9국경수비단의 피해는 1명 부상에 그쳤다.

　물론 항상 이렇게만 되는 것은 아니었다. 일례로 1978년 키프러스의 라나카 공항에 11명의 인질이 잡혀 있는 키프러스항공의 여객기가 붙들려 있었다. 60여 명의 이집트 특수부대는 독자적으로 구출 작전을 벌이려다가 여객기를 포위하고 있던 키프러스 특수 부대와 애먼 교전을 벌였다. 이집트 군은 아무 소득 없이 허큘리스 수송기 1대를 잃고 18명씩의 전사자와 부상자만 냈다. 당시까지 인질 구출 작전의 성공 빈도율은 50퍼센트보다 낮았다.

미국 원자력 해군의 아버지
하이먼 리코버가 뽑은 대통령은?

테헤란의 미국 대사관이 점거되었을 때 미국 대통령은 지미 카터였다. 카터의 별명은 대통령이 되기 전에 주지사를 지냈던 조지아의 '땅콩 농부'였다. 실제로 카터는 가업을 이어 땅콩을 기른 경험이 있었다. 땅콩 농부라는 별명은 카터의 우유

부단하고 유약한 느낌을 더욱 짙게 만들었다.

　사실 카터는 미국 해군사관학교를 1946년에 졸업한 전직 군인이었다. 그것도 미국 잠수함 부대의 장교였다. 잠수함 부대의 장교가 되는 게 미국에서 해군참모총장이 되는 가장 효율적인 방법은 아니었다. 하지만 인정받는 정예 장교가 아니고서는 잠수함 부대에 배속될 수가 없었다. 사소한 사고가 곧바로 함정과 승무원 모두를 물고기 밥으로 만들 수 있는 잠수함은 섣부른 만용을 받아줄 수 없는 곳이었다. 카터는 발라오급 잠수함인 SS-391 팜프렛과 대잠수함 공격용으로 개발한 잠수함 바라쿠다급의 1번함에서 4년간 복무했다.

　게다가 그는 보통 잠수함 부대의 장교가 아니었다. 대령 시절인 마흔아홉 살부터 1982년 대장으로 퇴역할 때까지 미국 해군 원자력추진국장을 32년간 지낸 전설적인 하이먼 리코버가 손수 뽑은 장교였다. 리코버는 원자로 개발을 지휘하고 이를 수상함이 아닌 잠수함에 먼저 장착하게 만든 미국 원자력 해군의 아버지였다. 리코버가 개발한 원자로를 1957년 피츠버그 외곽의 쉬핑포트에 설치한 게 바로 미국 최초의 원자력 발전소였다.

　카터는 리코버 밑에서 2년간 원자력 추진 잠수함의 개발에 참여했다. 특히 1952년 12월 캐나다의 실험용 원자로가 녹아내려 방사성 물질이 유출됐을 때 리코버는 카터를 미국 해군 기술팀의 지휘관으로서 파견했다. 이는 방사능 피폭을 감수하면서 원자로에서 직접 복구 작업을 해야 하는 위험한 임무였다. 1955년에 진수된 미국의 두 번째 원자력 추진 잠수함 SSN-575 시울프에 탑승할 예정이었던 카터는 1953년 10월 예편했다. 갑작스레 아버지가 돌아가시면서 농장을 물려받아야 했기 때문이다.

미국 대사관 점거에 대한 카터의 초기 대응은 침착한 쪽이었다. 그는 되돌릴 수 없는 결과를 가져올지 모르는 방안을 섣불리 택하지 않았다. 그보다는 인질들을 가족 품으로 되돌려 달라고 인도주의에 호소했다. 카터의 호소가 먹혔는지 이란은 '억압받는 소수 인종과의 연대'와 '이슬람에서 여성의 특별한 지위에 대한 존중'을 선언하며 11월 20일까지 8명의 아프리카계 미국인과 5명의 여성을 풀어주었다. 미국에서 카터의 지지율은 60퍼센트 이상으로 뛰어올랐다.

인기는 덧없는 거였다. 해가 바뀌고 아직 남은 53명의 인질이 풀려나질 않자 카터의 지지율은 풍선의 바람이 빠지듯 꺼졌다. 이란 혁명으로 시작된 2차 석유 파동으로 기름 값이 몇 달 만에 두 배 넘게 오른 것도 불리한 조건이었다. 결정적으로 그해 카터는 미국 대통령 재선에 도전하고 있었다. 강력한 지도자의 이미지가 필요했던 카터는 결국 공수 구출 작전을 펴기로 결정했다.

공수 구출 작전의 세 가지 선결 조건 중 앞 두 가지는 큰 문제가 아니었다. 미국은 대사관에서 일하던 요리사를 통해 50명은 대사관, 3명은 외무부 건물에 잡혀 있음을 확인했다. 또 구조 부대를 수송할 항공기나 하늘에서 땅으로 내려올 방법도 기술적으로 고민할 부분이 있을 뿐 기본적으로는 충족되었다.

미국 육군은 이미 1944년 노르망디 상륙 작전 때 2개의 공수 사단을 낙하산과 글라이더로 독일군 후방에 낙하시키고 미국-베트남 전쟁에서 기병대가 말을 부리듯 헬리콥터를 운용하던 군대였다.

미국 대사관 점거가 3년만 먼저 일어났어도 미국은 공수 구출 작전을 못할 뻔했다. 미국 해군 실SEAL의 6팀, 일명 데브그루나 미국 공군 24특별전술대대와 함께 미국의 1급 특수부대로 꼽히는 미국 육군의 델타포스가 1977년에 생겼기 때문이었다.

Operation Eagle Claw의 계획 및 실제 경로

델타포스 이전에도 그린베레라는 미국 육군 특수 부대가 있기는 했다. 하지만 그들은 태생부터 적 후방 교란이나 심리전에 능한 부대였지 전투를 정말 잘하는 부대는 아니었다. 93명의 델타포스 전 병력 투입이 결정되면서 세 번째 선결 조건도 해결되었다. 작전명은 독수리 발톱으로 정해졌다.

그렇지만 전술 관점에서 작전 독수리 발톱은 만만치 않은 도전이었다. 내륙 깊숙한 곳에 있는 테헤란을 한 번에 강습한다는 건 현실적으로 불가능했다. 미국은 작전을 모두 3단계로 나눴다. 먼저 특수 부대와 헬리콥터 연료를 실은 6대의 허큘리스가 이란 내륙의 '사막 1' 지점까지 날아가 착륙한다. 이와 별개로 항공모함을 이륙한 헬리콥터가 970킬로미터를 날아 사막 1에 도착한다. 항공모함에서 시작하는 만큼 헬리콥터는 미국 해군의 RH-53 시스탤리온으로 결정되었다. 사막 1의 위치는 시스탤리온의 최대 항속 거리에 따라 정해진 거였다.

이어 연료를 채운 시스탤리온이 특수 부대를 태우고 테헤란에서 약 80킬로미터 떨어진 '사막 2' 지점까지 420킬로미터를 다시 비행한다. 그러면 동이 틀 시간이 가까워지므로 사막 2에서 은신한 채로 저녁까지 기다린다. 30여 명을 태울 수 있는 시스탤리온은 톰캣처럼 이란에도 판 헬리콥터였다. 미국은 작전에 투입할 시스탤리온을 이란 해군과 같은 색으로 칠했다. 겉만 보면 이들은 이란 해군 헬리콥터처럼 보일 터였다.

마지막으로 특수 부대는 미국 첩보원들이 구해 온 트럭을 타고 저녁 때 테헤란으로 향한다. 대사관과 외무부를 습격해 인질을 구한 후에는 사막 2에서 날아온 시스텔리온과 근방의 축구 경기장에서 만난다. 그사이 미국 육군의 2급 특수 부대인 레인저가 테헤란 남서쪽 약 100킬로미터 지점의 사용이 중단된 만자리예 공군 기지를 장악한다. 그곳에 적시 착륙한 수송기 C-141 스타리프터 두 대가 인질과 모든 특수 부대를 싣고 탈출하면 끝이었다.

작전의 전망은 밝지 않았다. 단적으로 델타포스의 창시자면서 독수리 발톱의 지상 병력 지휘관인 대령 찰스 벡위드가 작전 전에 독수리 발톱의 전체 임무 부대 지휘관 소장 제임스 보트와 나눈 대화가 아래와 같았다.

"리스크가 얼마나 되나, 벡위드 대령?"

"아, 한 99.9퍼센트 됩니다."

"성공할 확률은 얼만데?"

"0입니다."

"음, 우리가 할 수 없는 거군."

"맞습니다, 보스."

평균에 의존해 내리는 의사 결정은
평균적으로 망한다

평균과 확률은 떼려야 뗴기 어려운 관계다. 과거에 발생한 빈도율로 평균을 구할 수 있고 앞으로 기대되는 확률로 기댓값을 구할 수 있기 때문이다. 평균이나 기댓값을 계산할 때 그 자체로 대단한 기술이 필요하지는 않다. 하지만 그렇게 구한 평균을 가지고 의사 결정을 내릴 때는 조심할 게 많다.

미식축구를 예로 들어 설명해 보겠다. 쿼터백은 미식축구에서 가장 중요한 포지션이다. 팀의 공격을 실제 경기장 안에서 지휘하고 이끄는 역할을 갖고 있는 쿼터백은 매 공격 기회마다 러닝과 패싱 중에 하나를 선택해야 한다.

먼저 러닝은 쿼터백 옆이나 뒤에서 대기하던 러닝백이 쿼터백으로부터 직접 공을 받아 뛰는 공격이다. 또한 패싱은 상대 진영으로 먼저 뛰어 들어간 와이드 리시버에게 쿼터백이 공을 던지는 공격이다. 다른 선수들의 기여도 물론 있지만 크게 보면 러닝의 성공은 러닝백 기량의 문제고 패싱의 성공은 쿼터백 기량의 문제다.

패스에도 종류가 있다. 크게 보면 짧은 패스와 긴 패스 두 가지다. 짧은 패스는 다시 네 번의 공격 기회를 얻을 수 있는 10야드 이상의 전진을 노리는 방법이다. 반면 긴 패스는 30야드 이상의 전진이나 아예 터치다운을 목표해 단번에 득점을 노리는 방법이다. 당연한 얘기겠지만 긴 패스의 성공 빈도율은 짧은 패스보다 낮다. 또 긴 패스는 공을 상대 팀 수비에게 뺏기는 인터셉트의 위험도 크다.

미식축구 팀 알파의 감독이 원하는 패싱 공격은 15야드 정도를 전진하는 거다. 15야드는 14미터보다 조금 적은 거리다. 그런데 난처하게도 그 팀의 쿼터백 브라보는 기량에 문제가 있다. 공을 던질 때마다 너무 힘이 들어가거나 너무 힘을 뺀다. 그 결과 공이 20야드 날아가거나 10야드만 날아간다. 20야드와 10야드를 던지는 빈도율은 각각 50퍼센트였다. 공 던지는 일의 성격상 다음 번 경기에서 20야드와 10야드를 던질 확률도 빈도율과 비슷하다. 그러므로 브라보의 패싱 거리 평균 혹은 기댓값은 15야드다.

앞 설명을 읽은 사람이라면 알파의 감독이 브라보에게 경기를 맡기면 안 된다는 걸 깨달을 수 있다. 그건 초등학생조차도 쉽게 할 판단이다. 알파가 평균에만 의존해서 결정을 내린다면 브라보는 완벽한 쿼터백이다. 평균 패싱 거리로 보면 브라보보다 더 완벽한 쿼터백은 없다. 그러나 브라보의 실제 패싱 성공률은 끔찍한 0퍼센트다.

위와 같은 상황을 총칭하여 평균의 함정이라고 한다. 평균의 함정은 생각보다 흔하다. 평균을 가지고 의사 결정을 내리는 건 무방비로 지뢰밭에 뛰어드는 일과 같다. 우주복처럼 생긴 폭발물 처리반용 방호복을 입는다고 해도 막상 지뢰 같은 폭발물이 터지면 그 충격은 크다.

돈과 관련된 일은 특히 평균의 함정이 두드러진 영역이다. 가령 1억 원을 가진 찰리가 10억 원짜리 부동산을 탐냈다. 부동산 가격은 과거 5년 중 4년이 오르고 1년만 내렸다. 이러한 빈도율이 반복된다고 믿으면 가격이 오를 확률은 80퍼센트다. 또한 오를 때는 15퍼센트 오르고 내릴 때는 50퍼센트만큼 떨어졌다. 이를 가지고 연간 수익률의 평균을 구하면 15퍼센트 곱하기 4 빼기 50퍼센트를 5로 나눈 2퍼센트가 나온다. 이러한 평균 수익률에 고무된 찰리는 모자라는 9억 원을 은행에서 빌려 부동산을 샀다.

그렇다면 찰리에게 실제로 무슨 일이 벌어질까? 10억 원을 들여 산 찰리의 부동산 가격은 5년 후 약 8억 7,000만 원에 그친다. 이자를 낼 길이 막힌 찰리의 부동산은 강제로 경매되어 해당 가격에 회수된다. 그래도 빌린 돈의 원금 갚기에도 모자란다. 원래 있던 자기 돈 1억 원이 연기처럼 사라진 건 물론이다. 평균 수익률만 보고 부동산을 산 찰리는 개인 파산자 신세가 된다.

다른 상황을 하나 더 살펴보겠다. 주식이 오르거나 내릴 확률은 날마다 각각 50퍼센트로 같다. 오를 때는 가격이 60퍼센트만큼 오르고 내릴 때는 50퍼센트만큼 내린다. 수익률의 기댓값은 60퍼센트에서 50퍼센트 뺀 결과인 10퍼센트를 2로 나눈 5퍼센트다. 하루가 지날 때마다 5퍼센트의 평균 이익을 기대할 수 있으므로 주식을 거래하는 건 너무나 당연한 일처럼 느껴진다.

가령 100억 명의 사람이 위 주식을 거래하면 어떻게 될까? 하루가 지나면 100억 명의 반인 50억 명이 돈을 벌고 나머지 50억 명은 돈을 잃는다. 그로부터 하루가 더 지나면 전날 돈을 땄던 50억 명의 반인 25억 명은 돈이 더 불어나지만 나머지 75억 명은 원래 가졌던 것보다 돈이 줄어든다.

왜냐하면 돈을 한 번 따고 한 번 잃으면 1.6과 0.5를 곱해 나오는 0.8이 처음 돈에 곱해지기 때문이다. 즉 두 번 연속으로 돈을 따지 않는 한 돈을 잃는다. 이런 식으로 1,000일 동안 계속하면 100억 명 중 단 7명만 돈을 딴다. 나머지 99억 9,999만 9,993명은 돈을 잃는다. 거의 모든 사람이 망한다는 뜻이다.

나중에 판사가 된 영국의 한 변호사는 다음과 같은 말을 남겼다. "내가 젊었을 때는 이겨야 했을 많은 사건에서 졌고, 나이가 들어서는 지는 게 마땅할 많은 사건에서 이기고 말았다. 따라서 평균적으로는 법의 정의가 실현되었다." 신중히 판단할 게 아니라면 의사 결정에서 아예 평균을 사용하지 않는 쪽이 더 낫다.

작전 독수리 발톱이 실패한
직접적인 원인은 뭐였을까?

몇 대의 시스탤리온을 작전에 투입하느냐는 중요한 결정 사항이었다. 싣고 가야 할 병력은 대사관을 습격할 완전 무장한 델타포스 93명이 전부가 아니었다. 외무부를 강습할 베를린 여단 소속 A 분견대의 13명과 만자리예 공군 기지를 장악할 레인저 26명까지 모두 132명이었다. 거기에 구출할 인질 53명과 현지에서 트럭을 운전할 15명을 더하면 딱 200명이었다. 미국은 최소 여섯 대의 시스탤리온이 반드시 있어야 한다고 봤다. 여섯 대에 모자라면 이란에 두고 와야 하는 사람이 생길 터였다.

그렇다고 딱 여섯 대를 투입하기는 꺼림칙했다. 특히 이런 작전에서 모든 헬리콥터가 아무 문제없이 작동한다는 건 순진한 희망 사항일 뿐이었다. 미국은 경험상 헬리콥터가 정상 작동할 확률을 75퍼센트로 평가했다. 그렇다면 작동할 헬리콥터 대수의 평균이 6이 될 투입 대수는 8이었다. 왜냐하면 8에 75퍼센트를 곱한 값이 6이라서였다. 이렇게 미국은 투입할 시스탤리온을 모두 여덟 대로 정했다. 시스탤리온의 호출 부호는 파랑새 1부터 8까지였다.

1980년 4월 24일 밤 10시 47분, 허큘리스는 작전 시각대로 사막 1의 도로에 착륙했다. 하지만 예상하지 못한 일이 생겼다. 얼마 후 사막 1에 승객을 가득 태운 버스가 나타난 거였다. 버스를 멈춰 세운 레인저는 44명의 이란인을 허큘리스에 강제로 태웠다. 그게 끝이 아니었다. 몇 분 후에는 유조차가 나타났다. 정지하라는 신호를 따르지 않는 유조차를 레인 저는 휴대용 로켓인 M72로 폭파했다. 동승자는 죽었지만 용케 유조차의 운전자는 뒤따르던 트럭을 타고 도망치는 데 성공했다.

한편 아직 사막 1까지 약 400킬로미터를 더 비행해야 하는 지점에서 파랑새 6에 문제가 생겼다. 주 회전 날개에 금이 간 거였다. 비상 착륙한 파랑새 6의 조종사 등은 파랑새 8로 옮겨 탔다. 남은 일곱 대의 비행도 쉽지 않았다. 일기 예보에 없던 거센 모래 폭풍이 시스탤리온의 비행경로를 덮친 탓이었다. 계기가 모두 나가 맨눈으로 비행하던 파랑새 5는 델타 1에 1시간 이상 늦을 것 같다고 판단하고 항공모함 니미츠로 돌아가 버렸다.

원래 시스탤리온의 도착 예정 시각은 밤 11시 30분이었다. 가장 먼저 온 시스탤리온의 도착 시각은 4월 25일 오전 0시 20분이었다. 제일 늦게 도착한 파랑새 2는 오전 1시에 나타났다. 게다가 그마저도 온전하지 않았다. 유압 계통의 누유로 파랑새 2는 더 이상 안전한 비행이 가능하지 않았다. 다시 말해 남은 시스탤리온은 이제 다섯 대뿐이었다. 이것만 가지고 작전을 계속하려면 타격 병력의 일부를 데리고 갈 수 없었다.

결국 작전은 취소되었다.

임무 부대의 고난은 아직 끝나지 않았다. 후진하라는 공정 통제사의 유도를 잘못 알아들은 파랑새 3이 전진하면서 허큘리스 한 대와 충돌해 버렸다. 허큘리스의 14명 승무원 중 5명이, 그리고 시스탤리온을 조종하던 미국 해병대 소속 승무원 5명 중 3명이 숨졌다. 나머지 병력은 남은 허큘리스를 타고 탈출했다. 시스탤리온을 파괴하려고 수류탄 등을 터뜨렸지만 완벽하지 않았다. 작전 독수리 발톱은 이렇게 테헤란 근처도 가 보지 못하고 끝이 났다.

알고 보면 미국의 작전 계획은 어설펐다. 가령 일곱 대의 시스탤리온을 투입한다고 할 때 여섯 대 이상 작동할 상황은 일곱 대가 모두 작동할 시나리오와 여섯 대가 작동하고 한 대가 고장 날 시나리오의 두 가지였다. 일곱 대가 모두 작동할 확률은 0.75의 7제곱으로 13퍼센트, 여섯 대만 작동할 확률은 0.75의 6제곱 곱하기 0.25 곱하기 7로서 31퍼센트였다. 즉 여섯 대 이상 작동할 확률은 둘을 합한 44퍼센트였다.

이런 식으로 여덟 대를 투입했을 때 여섯 대 이상 작동할 확률을 구해 보면 68퍼센트밖에 되지 않았다. 달리 말해 대략 세 번 중 한 번은 실패할 운명이었다. 인질을 구하겠다는 작전치고는 성공 확률이 너무 낮았다. 여덟 대가 아닌 열 대를 투입했다면 92퍼센트, 열두 대를 투입했다면 99퍼센트까지 성공 확률을 올리는 게 가능했었다. 미국 해군은 총 30대의 시스탤리온을 가지고 있었다.

작전 독수리 발톱은 몇 가지 여파를 남겼다. 다음 날 사막 1에 남겨진 시스탤리온과 허큘리스의 잔해를 발견한 이란은 처음엔 어리둥절해했다. 그러다 사태를 파악하고 난 후에는 분노와 기쁨을 동시에 표했다. 가령 이란의 이슬람 최고 지도자 호메이니는 일본인들이 몽골-고려 연합군을 타격한 태풍을 신푸, 즉 '신이 보낸 바람'으로 불렀듯이 다음처럼 기염을 토했다.

"누가 카터의 헬리콥터를 으스러뜨렸습니까? 우리가 했습니까? 모래바람이 했지요! 그건 신의 대리물입니다. 알라께서 모래바람을 보내신 겁니다."

레인저의 로켓탄에 희생된 한 명으로 그칠 줄 알았던 이란의 인명 피해는 조금 늘어났다. 사막 1을 시찰하던 이란 혁명수비대의 현지 지휘관이 이란 공군기의 오폭으로 죽은 해프닝 때문이었다. 또한 이란 해군은 손상이 심하지 않았던 파랑새 2와 파랑새 8을 수리한 후 현역으로 편입했다. 모래 바람이 신의 선물이었다면 멀쩡한 시스텔리온은 미국의 선물이었다.

가장 결정적인 일은 미국에서 벌어졌다. 강력한 지도자라는 이미지 만들기에 실패한 카터는 그해 11월 대통령 선거에서 공화당의 로널드 레이건에게 489대 49로 졌다.

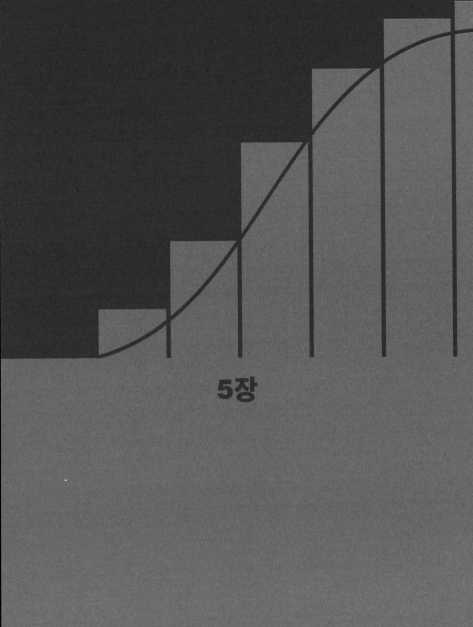

5장

신기루 같은 패턴에
현혹되지 않는다

대학 중퇴자가 닷컴 버블에 편승해 세운
헤지펀드의 운명

라이언 캐버노는 미국 로스앤젤레스 태생이었다. 더 구체적으로는 브렌트우드에서 자랐다. 서쪽의 산타모니카 해변과 동쪽의 비벌리힐스에 둘러싸인 브렌트우드는 이를테면 내로라하는 부촌이었다. 가령 1962년 미국 대통령 존 에프 케네디와 정을 통하던 마릴린 먼로가 갑자기 죽은 채로 발견된 집이 브렌트우드에 있었다. 1994년 이혼한 아내를 죽인 혐의로 재판을 받은 미식축구 선수 오 제이 심슨이 살던 집도 브렌트우드에 위치했다.

캐버노가 나온 브렌트우드중고등학교와 관련된 사람 중에 스티븐 므누신이 있었다. 골드만삭스에서 경력을 만든 므누신은 뉴욕에서 태어나고 예일대학교를 나왔지만 두 명의 자녀를 이 학교에 보냈다. 므누신은 나중에 도널드 트럼프 밑에서 미국 재무장관을 지냈다. 게다가 이 학교의 이사장은 1994년에 이곳을 졸업한 랜스 밀켄이었다. 랜스 밀켄은 1980년대 미국 금융계를 풍미한 마이클 밀켄의 아들이었다. '정크본드의 왕'[1]이란 별명으로 유명한 마이클 밀켄은 1989년 증권 사기로 7,200억 원의 벌금형과 10년의 징역형을 받으며 영원히 증권 시장 관여가 금지된 사람이었다. 마이클 밀켄은 2020년 도널드 트럼프에 의해 특별 사면되었다.

그래도 브렌트우드중고등학교와 가장 관련이 깊은 분야는 역시 영화였다. 미국 영화 산업의 본산인 할리우드가 비벌리힐스의 바로 동쪽임을 생각하면 당연한 일이었다. 브렌트우드중고등학교에서 할리우드의 선셋 대로까지 약 10킬로미터밖에 떨어져 있지 않을 정도로 둘은 거리가 가까웠다. 브렌

---

1 정크본드란 정크푸드가 쓰레기 같은 음식이듯 당장 내일 부도나도 이상할 게 없는 쓰레기 같은 채권을 의미함.

트우드중고등학교는 실제로 무수히 많은 배우와 영화계 종사자를 배출했다.

캐버노의 집안이 영화 산업과 뚜렷한 관련이 있지는 않았다. 초면에 자기가 "벤치 프레스로 250킬로그램을 들 수 있고 아이큐가 180"이라고 떠벌리기 좋아하는 캐버노의 아빠는 독일에서 이민 온 치과 의사였고 엄마는 경매 회사 소더비스의 부동산 중개 자회사에서 일하는 부동산 중개업자였다. 캐버노의 고등학교 생활은 같은 학교 동문인 마룬 5에 가까웠다. 그는 39번째 평행이라는 밴드에서 기타를 치고 노래를 불렀다. 한 고등학교 동기는 캐버노를 "심각할 정도로 학교를 빠졌고 병적인 거짓말쟁이"라고 기억했다.

고등학교를 졸업한 캐버노는 집에서 북쪽으로 150킬로미터 정도 떨어진 캘리포니아 샌타바버라대학교에 입학했다. 그 학교는 파티의 세계에서 서던캘리포니아대학교의 강력한 경쟁자였다. 캐버노는 고등학교 때와 마찬가지로 쉐이즈 오브 그레이라는 밴드에서 기타를 치고 노래를 불렀다. 이어 비벌리힐스에 위치한 캘리포니아 로스앤젤레스대학교로 편입했다가 1996년 중퇴했다.

미국의 억만장자 중 상당수는 대학을 중간에 그만뒀다는

공통점이 있었다. 좋은 대학에 입학한 걸로 자신의 능력은 충분히 증명된 데다가 졸업하느라 유망한 비즈니스 기회를 놓치고 싶지 않았기 때문이다. 하버드대학교를 다니던 빌 게이츠와 마크 저커버그가 그랬다. 일론 머스크도 1995년 스탠퍼드대학교 재료공학과 대학원에 들어가자마자 뛰쳐나왔다. 그들 모두는 학교를 그만두고 자신의 회사를 세웠다.

캐버노의 중퇴는 결이 조금 달랐다. 그가 그만둔 이유는 소매의 증권 중개를 주로 하는 딘 위터에 취직이 되어서였다. 딘 위터는 1997년 투자 은행 모건스탠리에 합병되어 사라졌다. 캐버노는 졸업에 필요한 학점을 한참 못 채웠지만 1998년 졸업식에 참석하고 주변에 대학을 졸업했다고 거짓말하고 다녔다.

그사이 캐버노는 개인 계좌로 주식 거래를 시작했다. 당시는 인터넷이 세상을 바꿀 거라는 닷컴버블의 초입이었다. 회사 이름에 닷컴이 붙기만 하면 주가가 뛰어오르던 시절이었다. 캐버노는 돈을 조금 불리는 데 성공했다. 자신감이 붙은 캐버노는 일을 키웠다. 돈 불리기를 자기에게 맡길 사람을 찾기 시작한 거였다.

그렇게 연결된 첫 번째 사람이 존 피터스였다. 피터스는 열네 살 때 학교를 때려치우고 미용사가 되었다가 가발을 만들어준 인연으로 가수 바브라 스트라이샌드와 9년간 사귄 인물이었다. 어쨌든 미용실을 운영하며 영화계와 연을 맺게 된 그는 소니 픽처스의 공동 대표를 지낸 후 당시에는 1999년에 개봉할 윌 스미스 주연의 영화 '와일드 와일드 웨스트'를 한창 제작 중이었다. 말하자면 피터스는 영화 프로듀서였다.

1997년 캐버노는 피터스의 개인 돈을 운용할 헤지펀드를 세웠다. 워너브라더스의 공동 회장 테리 세멜, 컬럼비아픽처스의 회장 마크 캔튼, 영화 프로듀서 제리 브룩하이머 등이 피터스의 소개를 통해 캐버노의 헤지펀드에 돈을 집어넣었다. 상장 주식과 비상장의 벤처 회사를 가리지 않고 운용된 캐버노의 헤지펀드는 2000년 초까지는 성과가 났다. 이 시기 캐버노는 할리우드힐스의 36억 원짜리 집과 두 대의 페라리를 담보 대출과 할부로 사들였다.

닷컴버블이 꺼지고 2001년 9.11이 터지면서 캐버노의 헤지펀드는 껍질만 남았다. 절박한 심정의 캐버노는 파생거래인 퓨처스에 손을 댔다. 그의 전 재산 15억 원이 몇천만 원으로 줄어드는 데 오랜 시간이 필요하지는 않았다. 캐버노의 헤지펀드에 돈을 집어넣은 사람들은 사기를 당했다고 소송했다. 사기 혐의는 재판에서 인정되었지만 캐버노는 돈이 거의 없다는 이유로 용케 빠져나갔다.

2002년 무일푼으로 부모 집에 얹혀살게 된 캐버노는 재기를 엿봤다. 돈 불리기에 관심이 많은 부모 덕분에 그가 여섯 살 때 처음 사고팔았던 주식은 그의 포르테가 아닌 걸로 판명되었다. 얼마 안 가 그는 새로운 비즈니스 기회를 찾아냈다. 바로 자신의 모교, 브렌트우드중고등학교의 자랑인 영화였다.

분업을 극대화한 할리우드 시스템의 진정한 주인공은?

극단적인 이분법을 들이댄다면 영화는 예술 아니면 비즈니스였다. 영화에는 분명히 예술로 볼 만한 특성이 있었다. 물론 영화의 그런 특성은 캐버노의 관심사와는 거리가 멀었다. 캐버노는 오직 비즈니스 관점의 영화에만 관심이 있었다.

산업으로서 영화는 이를테면 쌍두마차처럼 두 종류의 회사가 이끌어 나가는 비즈니스였다. 하나는 제작사고 다른 하나는 배급사였다. 제작사는 말 그대로 영화의 제작을 책임지는 회사고 배급사는 그렇게 만들어진 영화를 자신들의 극장 체인에 올리거나 다른 극장 혹은 다른 나라에 영화를 배급하고 돈을 버는 회사였다.

영화를 비즈니스로 보는 할리우드 시스템은 각자의 전문성에 기반한 분업을 극한까지 끌어 올린 체계였다. 그건 분업을 조직하고 지휘하는 지휘자 없이는 돌아가지 않을 시스템이기도 했다. 그 지휘자가 바로 제작자, 즉 프로듀서였다. 프로듀서는 영화에서 무슨 이야기를 다루고 누가 출연하며 제작비를 어떻게 마련하고 어디에 얼마나 쓸지를 책임지고 결정하는 사람이었다.

프로듀서와 혼동하지 말아야 할 역할로 이그제큐티브 프로듀서가 있었다. 총괄 제작자라고 번역되기도 하는 이그제큐티브 프로듀서는 할리우드에서는 실제 책임이 있기보다는 옆에서 훈수 두는 고문 역할에 가까웠다. 즉 그건 영화 제작이나 홍보에 도움을 준 사람에게 기분 좋으라고 붙여주는 호칭일 때가 많았다. 일례로 제작비의 일부를 댄 사람들이 흔히 이 호칭을 가졌다.

할리우드 시스템의 또 다른 특징은 바로 감독의 역할이었다. 할리우드에서 디렉터, 즉 감독은 프로듀서에게 고용된 존재였다. 좀 더 엄밀하게 말해 그들은 프로듀서가 정한 방식에 따라 연출을 책임지는 사람일 뿐이었다. 다 찍은 영화를 편집하는 작업도 감독이 직접 하기보다는 프로듀서가 고용한 전문 편집자가 했다. 그게 간혹 감독판이라는 영화가 원래 개봉 시점과 시차를 두고 나오는 이유였다. 즉 프로듀서와 편집자의 편집이 마음에 들지 않았던 감독이 자기 생각대로 편집한 결과물이었다.

할리우드로 상징되는 미국의 영화 산업은 영화 제작에 적지 않은 돈을 들였다. 웹사이트 인베스토피디아에 의하면 할리우드 영화사의 평균적인 편당 영화 제작비는 약 800억 원이었다. 또한 통상 블록버스터라 불리는, 막대한 자금을 쏟아부은 영화의 제작비는 편당 약 1,600억 원을 가뿐히 넘겼다. 일례로 역대 최고의 제작비를 기록한 2015년 개봉작 '스타워즈: 깨어난 포스'의 제작비는 약 5,400억 원이었다.

할리우드 영화 중 역대 제작비 60위권의 영화 2004년 개봉작 '스파이더맨 2'로 영화 제작비가 어떻게 구성되는지 알아보겠다. 제일 먼저 스파이더맨이라는 캐릭터의 판권 확보가 필요했다. 여기에 든 돈은 240억 원이었다. 그다음 영화의 각본을 써줄 사람들을 고용해야 했다. 그 돈은 120억 원이었다. 이 둘만으로도 이미 한국 영화 중 제작비 역대 2위에 해당하는 '외계+인' 1부의 330억 원보다 돈이 더 들었다.

다음으로 필요한 돈은 프로듀서와 감독의 월급이었다. '스파이더맨 2'의 프로듀서는 로라 지스킨과 아비 아라드의 두 명이었다. 할리우드 영화에서 프로듀서는 보통 한 명에서 세 명 사이였다. 지스킨과 아라드는 영화를 만드는 기간 동안 자신들이 받아 갈 월급 총액을 180억 원으로 정했다.

또한 이들은 샘 레이미를 감독으로 정했다. 레이미의 가장 최근 연출작은 2022년 개봉작 '닥터 스트레인지: 대혼돈의 멀티버스'였다. 레이미의 월급 총액은 120억 원이었다. 동시에 여러 영화를 제작하기도 하는 프로듀서와 달리 감독은 하나만 할 수 있었다.

배우 출연료로 잡아놓은 금액은 모두 360억 원이었다. 스파이더맨이라는 잘 알려진 만화의 캐릭터가 나온다는 사실이 누가 주연을 맡았느냐보다 중요한 이 영화의 특성상 출연료의 비중은 상대적으로 작은 편이었다. 전체 출연료 360억원 중 204억 원은 주연인 토비 맥과이어 몫이었다. 맥과이어의 상대역 커스틴 던스트는 맥과이어의 반에 못 미치는 84억 원을 받았다. 악역 닥터 옥토퍼스로 분한 알프리드 몰리나는 던스트의 반이 안 되는 36억 원에 만족해야 했다. 그 외 모든 조연과 단역 그리고 엑스트라까지 든 돈이 또한 36억 원이었다.

세 가지만 더 고려하면 제작비는 끝이었다. 세트, 의상, 현지 촬영 등 실제 온갖 제작 비용에 540억 원을 썼다. 또한 스파이더맨이 날아다니는 특수 영상 효과 등을 위해 가장 큰 돈인 780억 원을 들였다. 마지막으로 영화를 위해 작곡되거나 연주된 음악에 60억 원이 나갔다. 이 모든 걸 다 합치면 딱 2,400억 원이 들었다.

'스파이더맨 2'의 제작비가 2,400억 원이라는 말은 곧 지스킨과 아라드가 그만한 돈을 어디선가 마련해 와야 한다는 의미였다. 그건 결코 쉬운 일이 아니었다. 프로듀서가 속한 제작사가 일부를 대는 건 흔한 일이었다. 당시 아라드는 스파이더맨의 판권을 가진 마블 엔터테인먼트의 대표였다. 더 큰 돈은 사실 배급사로부터 왔다. 또 돈 많은 개인이나 금융 회사가 제작비 일부를 수익권이나 대출 및 채권의 형태로 부담할 때도 있었다.

문제는 영화 자체가 상업적 성공 예측이 어렵기로 악명 높다는 점이었다. 유명한 배우가 출연하거나 인기 있는 소설을 원작으로 각본을 쓰면 대체로 관객 수가 는다는 건 누구나 짐작할 수 있었다. 하지만 그 관계는 법칙이라고 부르기에는 어딘가 느슨했다. 제작비로 더 많은 돈을 들인다고 해서 반드시 성공하는 게 아니라는 쪽이 오히려 법칙에 가까웠다.

다행하게도 '스파이더맨 2'는 박스 오피스, 즉 극장 매표 수익으로 약 9,500억 원을 벌었다. 다른 예로 2020년 개봉작 '뮬란'은 '스파이더맨 2'와 정확히 같은 2,400억 원의 제작비가 들었다. 주연인 유역비의 유명도는 토비 맥과이어 이상이었다. 유역비의 상대역인 견자단이나 조연인 공리와 이연걸은 하나같이 인기 배우였다. 원작도 1998년에 크게 히트한 동명의 디즈니 만화 영화라 걱정이 없었다. 그러나 '뮬란'은 840억 원의 극장 매표 수익에 그쳤다. 이를 제작하고 배급한 월트 디즈니 스튜디오는 최소 1,600억 원가량의 손실을 보아야 했다.

손실은 그게 전부가 아니었다. 제작비에 포함되지 않는 비용이 영화 비즈니스에는 숨어 있었다. 대표적인 게 홍보 및 마케팅 비용이었다. 영화마다 차이가 있지만 극장 매표 수익이 제작비의 2배는 되어야 제작사 관점에서 손익 분기라는 어림짐작이 그래서 통용되었다. 제작비를 더 들인 블록버스터라면 2.5배가 안전한 숫자였다.

가령 2012년 개봉작 '배틀쉽'은 제작비가 약 2,600억 원이었다. 이의 극장 매표 수익은 3,600억 원을 웃돌았다. 그러니까 표면상으로는 약 1,000억 원의 이익이 남는 것처럼 보였다. 하지만 마케팅 비용 탓에 나중에 최종 집계된 손실은 1,800억 원 정도였다. 달리 말해 '배틀쉽'이 손익 분기를 달성하려면 극장 매표 수익이 제작비의 2.1배인 5,400억 원은 되어야 했다는 얘기였다.

큰돈이 오가는 영화계에서 캐버노가 끼어들 틈은 별로 없어 보였다. 브렌트우드중고등학교를 졸업했다는 것만으로는 전혀 특별하지 않았다. 캐버노의 영감은 다른 데서 왔다. 2003년에 출간된 마이클 루이스의 책《머니볼》이었다.

팝 음악의 성공 공식을 찾아낸
스웨덴의 음악 프로듀서

캐버노 이전에 영화 제작의 성공 공식이라는 성배에 도전한 사람이 없지는 않았다. 그들의 퀘스트는 예외 없이 실패로 끝났다. 잠깐의 성공은 무작위의 범주를 벗어나지 못했다. 조금이라도 경험이 있는 영화인이라면 겸허한 자세가 최선의 방안이라는 걸 모르지 않았다.

영화는 아니지만 시야를 넓히면 참고가 될 만한 분야가 있기는 했다. 바로 팝 음악이었다. 팝 음악은 영화와 비슷한 속성이 꽤 있었다. 영화에 배우가 있다면 팝 음악에는 가수가 있었다. 영화에 각본과 감독이 있다면 팝 음악에는 가사와 작곡자가 있었다. 즉 팝 음악은 영화처럼 아트면서 동시에 비즈니스였다. 그리고 거기엔 프로듀서도 있었다.

과거의 팝 음악은 예술 영화와 비슷했다. 예술 영화가 감독의 산물이라면 과거의 팝 음악은 작곡가나 자기 곡을 직접쓰는 가수, 즉 싱어송라이터의 산물이었다. 그건 예측이 거의 불가능한 영역이었다. 예술성과 별개로 새로운 노래의 대중적 인기를 미리 맞히는 건 모든 음반 회사의 골칫거리였다.

1990년대 중반에 한 음악 프로듀서가 등장한 이후로 앞의 이야기는 100퍼센트 사실은 아니게 되었다. 적어도 그만큼은 비즈니스로서 팝 음악의 성공 공식을 알아낸 듯 보이기때문이었다. 그의 이름은 맥스 마틴이었다.

맥스 마틴의 본명은 칼 마틴 샌드버그였다. 마틴의 배경은 대저 팝 음악과 무관했다. 그의 부모는 각각 경찰관과 중학교 교사였다. 마틴은 캐버노나 마룬 5보다 음악에 더 진지한 면이 있었다. 그 근거 중 하나가 잇츠 얼라이브라는 스웨덴 글램 메탈 밴드의 보컬로 활동하느라 고등학교를 중퇴한 사실이었다. 잇츠 얼라이브 밴드 시절 샌드버그의 예명은 마틴 화이트였다.

정확한 이유를 알기는 어렵지만 스웨덴은 팝 음악의 강국이었다. 1970년대에 유려한 멜로디와 화음으로 전 세계를 휘어잡은 4인조 혼성 그룹 아바는 곧 스웨덴의 자랑이었다. 1990년대에는 아바의 후계자로 일컬어지는 에이스 오브 베이스가 혜성처럼 등장해 음악 팬들의 사랑을 받았다. 세계적인 음원 스트리밍 회사 스포티파이도 스웨덴 회사였다.

에이스 오브 베이스의 세계적인 성공은 그들의 미국 데뷔 앨범 '더 사인' 때문이었다. 거기에 수록된 첫 번째 곡 '올 댓 쉬 원츠'와 타이틀 곡 '더 사인'을 제작한 사람은 스웨덴의 음반 프로듀서 데니즈 팝이었다. 그는 기타 코드도 읽을 줄 몰랐지만 히트송 제조기로 이름이 높았다. 데니즈 팝은 1992년 세이론이라는 음반 제작사를 만들었다. 세이론은 1994년 잇츠 얼라이브의 두 번째 앨범을 내놓았다. 그 앨범은 단 3만 장 팔리는 데 그쳤다.

그럼에도 불구하고 데니즈 팝은 마틴의 팝 음악 제작 기량을 발견했다. 1993년 마틴은 세이론에 작곡자 겸 프로듀서로 들어갔다. 본인의 표현을 빌리자면 마틴은 그때 "프로듀서가 뭘 하는 사람인지도 모르고 시작해 낮밤을 가리지 않고 2년 동안 배웠다." 맥스 마틴이라는 새로운 예명도 당시 데니즈 팝이 주었다.

1995년 마틴은 데니즈 팝과 함께 당시 완전 무명인 보이 그룹의 첫 번째 싱글을 제작했다. 2년 후에는 그들의 첫 번째 미국 앨범을 내놓았다. 그게 바로 백스트리트 보이즈였다. 특히 마틴은 그들의 '애즈 롱 애즈 유 러브 미'를 혼자 작사 작곡하고 데니즈 팝의 도움 없이 제작했다. 음악 프로듀서로서 마틴의 별처럼 빛나는 경력이 본격적으로 시작된 거였다.

1998년은 마틴에게 특별한 해였다. 서른다섯 살 밖에 되지 않은 데니즈 팝이 위암으로 죽으면서 마틴은 열여섯 살 소녀에게 자신의 곡을 주고 제작을 이끌었다. 그 곡은 원래 백스트리트 보이즈와 3인조 걸 그룹 티엘씨에게 먼저 준 곡이었다. 마틴의 노래가 별로라고 생각한 그들은 모두 거절했다. 결국 이는 열여섯 살 소녀의 데뷔곡이 되었다. 그게 바로 영국이 연상되는 이름을 가진, 하지만 미국 루이지애나에서 자란 브리트니 스피어스의 '베이비 원 모어 타임'이었다. 이는 미국 음악 잡지 〈빌보드〉가 발표하는 '핫 100'의 1위를 마틴에게 처음으로 안겨주었다.

이게 전부였다면 마틴의 음악 프로듀서 경력이 아주 특별하지는 않았을 터였다. 몇 년 간 반짝 히트곡을 만들어내다가 서서히 유행에서 벗어나는 일은 자연의 법칙처럼 공고했다. 마틴은 중력을 거스르듯 계속 히트곡을 만들어냈다. 그가 제작하거나 작사 작곡한 곡을 셀린 디옹, 핑크, 어셔, 케이티 페리, 제니퍼 로페즈, 셀리나 고메즈, 아델, 크리스티나 아길레라, 테일러 스위프트, 아리아나 그란데, 마룬 5, 저스틴 팀버레이크, 에드 쉬런, 저스틴 비버 등 전 세계가 사랑하는 가수들이 불러왔다.

마틴의 경력을 다른 관점으로 평가하면 오히려 더 그의 특별함이 드러났다. 〈빌보드〉 '핫 100'에서 1위를 차지한 곡 기준으로 가장 많이 만든 사람은 32곡의 폴 매카트니였다. 두 번째는 26곡을 쓴 존 레논이었다. 매카트니와 레논은 둘 다 전설적인 비틀스의 멤버였다. 세 번째가 바로 25곡의 마틴이었다. 가장 최근의 1위 곡은 2021년 더 위켄드와 아리아나 그란데가 부른 '세이브 유어 티어스'와 콜드플레이와 방탄소년단이 함께 부른 '마이 유니버스'였다. 다시 말해 마틴은 20여 년째 1위를 거머쥔 곡을 제작해 왔다.

곡을 만드는 마틴의 방식은 일관되었다. 그건 조각가가 조각을 하듯 철저히 프로듀서가 전권을 쥐고 깎아나가는 과정이었다. 그 시작은 멜로디였다. 마틴과 그의 동료 프로듀서들은 먼저 만족스러운 멜로디가 나올 때까지 함께 고치고 또 고쳤다. 그런 다음 직접 신디사이저를 포함해 악기 연주를 하고 녹음을 엔지니어링하고 믹싱했다. 그게 다 끝나고 나면 맨 마지막에 가수가 결정되어 곡을 잠깐 부를 뿐이었다.

마틴은 가수의 노래도 엄격하게 방향을 주었다. 그의 머릿속에는 노래가 어떤 식으로 불려야 할지 명확하게 그려져 있었다. 그는 자기가 제작하는 노래의 이른바 가이드곡을 직접 불렀다. 프린스턴대학교와 옥스퍼드대학원을 졸업한 작가 존 시브룩은 그걸 직접 들은 적이 있었다. 시브룩은 2015년에 출간된 자기 책에서 "그 스웨덴인은 정확히 스피어스처럼 들렸다"고 썼다. 보다 정확한 표현은 "스피어스가 마틴을 따라 불렀다"가 될 터였다.

마틴에게는 가사도 자기가 제작하는 음악 소리의 일부였다. 그는 흥얼거리면서 곡의 느낌에 가장 잘 맞는 소리를 찾았다. 그는 이를 가리켜 '멜로디 수학'이라고 불렀다. 그게 의미가 이상하게 읽히는 가사가 그의 노래에 다반사로 있는 이유였다. 예를 들어 스피어스의 데뷔곡에 나오는 "날 때려, 자기야, 한 번 더"와 같은 가사는 이해하려고 할수록 머리가 꼬였다.

분명한 건 프로듀서로서 마틴의 성공이 단순한 우연이 아니라는 점이었다. 그는 처음부터 비즈니스 관점에서 곡을 제작했다. 마틴을 자신의 멘토로 여기는 프로듀서 닥터 루크에 의하면 마틴은 "5,000명의 사람들을 위해 곡을 만드는 대신, 100만 명의 사람을 위해 만드는 게 낫지 않겠어?"라고 말하곤 했다. 분해 가능한 요소로 음악을 바라보고 그 원칙에 따라 곡을 제작하는 마틴의 방식은 쉽지만은 않았다. 그걸 흉내 냈는데도 인기는 요원한 프로듀서가 지천에 널려 있었다. 하지만 적어도 마틴만큼은 그게 뭔지를 아는 것 같았다. 마틴이 비즈니스로서 음악 제작에 득도했다는 사실에는 의문의 여지가 없었다.

벌처펀드의 돈으로
영화계의 머니볼을 목표한 라이언 캐버노

오클랜드 애슬레틱스의 머니볼에 감명을 받은 캐버노는 2003년부터 이걸 영화판에 써먹을 수 없을지 궁리하기 시작했다. 그는 우선 자기보다 영화 제작을 더 아는 한 사람을 끌어들였다. 영화 제작사 캐롤코 픽처스의 임원이었던 린우드 스펑크스였다.

스펑크스는 1993년 '클리프행어'와 1995년 '컷스로트 아일랜드'의 코-이그제큐티브 프로듀서와 코-프로듀서였다. 앞에 붙은 '코'는 '코'가 없는 쪽보다 역할이 미미하다는 걸 나타냈다. '클리프행어'와 '컷스로트 아일랜드'는 둘 다 캐롤코가 제작한 영화였다.

1980년대 실버스타 스텔론의 '람보' 시리즈로 잘나갔던 캐롤코는 1990년대 초에도 아놀드 슈워제네거와 샤론 스톤이 차례로 나온 '토탈 리콜', '터미네이터 2', '원초적 본능'을 연달아 제작하며 명성을 떨쳤다. 그러나 캘로코로서는 1,140억 원이란 큰 제작비를 들인 '컷스로트 아일랜드'가 극장 매표 수익으로 120억 원만 내며 단칼에 망해버렸다. 말 그대로 영화가 캘로코의 '먹을 딴' 거였다. 1995년 이후로 캐버노를 만날 때까지 스핑크스의 영화 관련 이력이 백지인 이유였다.

어쨌든 스핑크스는 예전에 알던 영화계 지인들이 없지는 않았다. 스핑크스는 특히 워너브라더스 사람들과 친했다. 캐버노는 스핑크스를 구슬려 12억 원의 자본금을 내놓게 했다. 캐버노와 스핑크스는 2004년 자신들의 영화사를 비벌리힐스에 세웠다. 회사 이름은 난데없게 들리는 렐러티비티미디어였다. 상대성을 뜻하는 단어 렐러티비티를 고른 이유를 캐버노는 자신이 "알버트 아인슈타인의 상대성 이론을 추앙하기 때문"이라고 설명했다. 렐러티비티의 캐버노 사무실에는 "위대한 정신은 항상 평범한 생각을 가진 사람들의 격렬한 반대에 부딪혀왔다"는 아인슈타인의 말이 걸려 있었다.

캐버노는 영화 제작의 입력 변수가 될 만한 것들을 추렸다. 누구라도 고를 법한 배우, 감독, 장르, 제작비 같은 변수들은 당연히 선택되었다. '이런 것까지 따져야 돼?' 하는 의문이 드는 플롯의 구조, 소재, 개봉일, 영화 등급 등도 포함되었다. 그는 이러한 각각의 입력 변수가 어떤 값을 갖는지에 따라 극장 매표 수익이 어떤 통계 분포를 가졌는지도 엑셀에 정리해 놓았다.

예를 들어, 2001년에 영화 '프린세스 다이어리'로 데뷔한 앤 해서웨이는 2023년 말까지 33편의 영화에 출연했다. 그중 개봉일이 2023년 말이라 아직 결과 내기에 적합하지 않은 2편을 뺀 31편의 편당 평균 극장 매표 수익은 2,276억 원이었다. 특히 2010년 '이상한 나라의 앨리스'와 2012년 '다크 나이트 라이즈'는 1조 원이 넘는 수익이 났다. 하지만 전체의 26퍼센트인 8편에서 100억 원에도 못 미치는 수익을 냈고 2005년, 2014년, 2022년의 영화 3편은 5억 원도 안 나왔다. 자신의 평균 수익을 넘긴 영화는 모두 10편으로 전체의 32퍼센트였다.

캐버노는 단순히 위와 같은 통계를 정리해 놓는데 그치지 않았다. 그는 이를 바탕으로 이른바 몬테카를로 시뮬레이션을 돌렸다. 몬테카를로는 카지노로 유명한 유럽의 도시였다. 도박꾼들이 주사위 노름을 하듯이 컴퓨터상에서 가상의 실험을 반복해 미래를 예측하는 방법이 바로 몬테카를로 시뮬레이션이었다. 몬테카를로 시뮬레이션이 최초로 수행된 대상은 맨해튼 프로젝트, 즉 미국의 원자 폭탄 개발이었다.

캐버노의 이러한 접근법을 낯설지 않게 느끼는 곳이 있었다. 바로 월가였다. 투자 은행과 헤지펀드들은 다수의 대출과 채권에서 나오는 현금 흐름으로 구성된 이른바 구조화 증권을 만들거나 사고파는 데 익숙했다. 게다가 렐러티비티가 생겼을 때 월가는 닷컴버블이 남긴 잔해 더미를 빠져나오려 하던 참이었다. 새로운 투기 거리에 늘 목말랐던 그들은 캐버노가 소개하는 영화 금융 거래를 일명 대체 투자에 속한다고 얼른 이해했다.

캐버노의 몬테카를로 시뮬레이션은 두 가지 결괏값이 가장 중요했다. 하나는 예상 영화 제작비와 마케팅 비용을 뺀후에 순이익이 나는 가상 상황의 빈도율이었다. 다른 하나는 그러한 가상 상황들만 고려했을 때 예상되는 순이익의 평균이었다. 그러니까 최소한 캐버노는 예상 극장 매표 수익의 전체 평균을 판단 기준으로 삼는 '평균의 함정'은 피했다. 캐버노는 대외적으로 가상 상황의 순이익 빈도율이 얼마 이상이 되어야 한다는 얘기를 하지는 않았다. 하지만 한 70퍼센트를 기준으로 삼을 거라는 짐작은 가능했다.

렐러티비티의 초기 주력 비즈니스는 영화 금융 중개업이었다. 제작비가 넘쳐날 리 없는 영화사는 의심 8 기대 2의 심정으로 캐버노를 대했다. 아무튼 캐버노가 돈줄을 데리고 나타난다면 마다할 이유가 없었다. 투자 은행과 헤지펀드들은 순이익 확률로 이해될 수 있는 숫자로 무장한 캐버노의 영화 홍보를 흥미롭게 받아들였다.

렐러티비티는 2005년부터 2009년까지 모두 10조 원에 가까운 제작비를 중개했다. 그 과정에서 렐러티비티는 미미한 규모의 수익권과 영화 한 편당 6억 원에서 12억 원 사이의 중개 수수료를 챙겼다. 추가적으로 캐버노는 영화 엔딩 크레딧에 자기가 이그제큐티브 프로듀서로 나와야 한다고 주장했다. 영화사들은 기꺼이 그렇게 해주었다.

캐버노와 스핑크스의 관계는 오래가지 못했다. 2007년 스핑크스가 렐러티비티를 퇴사하자 캐버노는 소송을 걸었다. 2008년에 개봉된 '밴티지 포인트'의 이그제큐티브 프로듀서를 끝으로 스핑크스의 이름은 영화 엔딩 크레딧에서 사라졌다. 그의 이름이 다시 등장한 건 크리스 프랫과 제니퍼 로렌스가 주연한 2016년 '패신저스'에서였다.

냉정하게 말해 영화 중개사에 가까웠던 렐러티비티는 2008년 전환의 기회를 맞았다. 벌처펀드인 엘리엇매지니먼트가 렐러티비티의 주식 49.5퍼센트를 804억 원에 산 거였다. 엘리엇을 세운 폴 싱어는 부도난 국채 전문 변호사였다. 즉 국가의 부도를 돈벌이의 기회로 삼는 싱어는 '알 박기의 명수'라는 칭찬인지 욕인지 모르는 별명을 가졌다. 엘리엇은 주식 매입과 동시에 렐러티비티가 최대 1조 2,000억 원의 돈을 빌릴 수 있게 해주었다.

갑자기 돈이 많아진 캐버노는 렐러티비티를 중개사가 아닌 영화 제작사 및 배급사로 탈바꿈시키려 했다. 2009년 그는 유니버설픽처스로부터 제작사 로그픽처스를 1,800억 원을 주고 샀다. 2010년에는 부도난 오버추어필름스라는 배급사도 사들였다. 또한 캐버노는 2007년부터 조금씩 시도했던 회사 차원의 영화 제작도 본격적으로 나섰다. 밀라 요보비치와 크리스 헴스워스가 나오는 2009년 영화 '퍼펙트 겟어웨이'에서 네 명의 프로듀서 중 캐버노는 자기 이름이 제일 앞에 나오는 영광을 마침내 누렸다.

없는 패턴을 본 뒤 이유를 꾸며내고 마는 마음의 한계

과거에 발생한 빈도율과 평균의 계산은 쉽다. 실제 있었던 사건을 빠트리지 않을 꼼꼼함만 있으면 된다. 물론 공평무사한 마음이 뒷받침되어야 한다. 값이 평균치에서 멀다는 이유로 예외로 치부하고 빼버리면 곤란하다.

학문 중에는 이른바 아웃라이어를 빼고 통계를 내라고 가르치는 것도 있다. 그 학문의 처방이 현실에서 잘 듣지 않는 건 놀라운 일은 아니다.

빈틈없고 공명정대한 마음으로 계산한 빈도율이라고 해도 이를 그대로 확률로 사용하는 건 무모한 시도다. 과거의 빈도율이 미래에 반복될 거라는 보장이 없기 때문이다. 그런 보장이 있는 때는 생각보다 많지 않다. 자연계 중 얌전하다고 알려진 일부에만 그런 보장이 주어진다. 그런 면에서 에드워드 기번이 남긴 다음의 한마디는 곱씹을 만하다.

"확률 법칙은 일반적으로는 사실이나 개별 사건에서는 너무나 오류다."

옥스퍼드대학교의 모들린칼리지를 중퇴한 기번은 18세기 영국의 역사가다. 무엇보다도 기번이 22년간 쓴 《로마제국 쇠망사》는 당대는 물론이고 지금까지도 인정받는 고전이다. 1300여 년에 걸친 인간사를 정리한 기번이 보기에 확률 법칙이 얼마나 시도 때도 없이 빗나갔는지를 알려주는 편언이다.

과거의 빈도율을 확률로 쓸 수 없는 이유에는 여러 가지가 있다. 그중 한 가지는 동적 불안정성이다. 동적 불안정성이란 시간이 감에 따라 계의 특성이 안정한 값으로 수렴하지 않고 변화를 거듭하는 성질을 가리킨다. 시간에 대해 불안정한 변수는 통계적 규칙성을 가질 수 없다. 통계적 규칙성이 없는 대상의 통곗값은 아무리 계산이 가능해도 아무런 쓸모가 없다.

일례로 2016년 금융연구원은 한국의 실질 국내총생산 성장률을 분석한 보고서를 내놓았다. 이에 의하면 1975년부터 2015년까지 40년의 데이터 분석 기간 중 특히 지난 20여 년 동안 뚜렷한 통계적 규칙성 없이 하락하는 모습을 나타내었다. 이어 보고서는 "통계적 규칙성이 미약함에도 불구하고 관행적으로 실질 국내총생산 성장률에 대한 시계열 분석을 수행할 경우, 우리나라 경제의 중요한 구조적 특징이 적절히 추정된다는 보장이 없다"고 결론지었다. 쉽게 말해 통계적 규칙성이 확보되지 않는다면 분석과 예측이 헛일이라는 얘기였다.

빈도율을 확률로 간주할 수 없는 또 다른 이유는 이른바 인덕션, 즉 귀납의 한계 때문이다. 기번의 아버지뻘인 데이비드 흄은 과거의 관찰만으로는 완전무결한 진리를 찾을 수 없다고 지적했다. 이게 무슨 말인지를 상징적으로 보여주는 사례로 다음과 같은 에드워드 스미스의 말을 들 수 있다.

"나는 이전까지 한 번도 사고라 할 만한 것을 본 적이 없었어. 바다 위를 표류하는 단 한 척의 배도 본 적이 없었지. 다른 배의 조난을 목격한 일도 없었고 내가 재난의 주인공이 되는 사고를 겪은 적도 없었다고."

호기롭게 위처럼 인터뷰했던 스미스는 그로부터 5년 뒤인 1912년 최초 항해에 나선 여객선 타이타닉의 선장으로 북극해에서 생을 마감했다.

앞에서 언급된 빈도율의 한계를 어찌어찌 피했다 해도 다른 문제는 여전히 남는다. 인지 편향의 하나라고 볼 수 있는 아포페니아다. 인지 편향은 사람이 정보를 처리하거나 판단할 때 발생하는 오류 혹은 왜곡을 뜻한다.

독일의 정신과 의사 클라우스 콘라트가 1958년에 처음 만들어낸 말인 아포페니아는 서로 관련이 없는 대상 사이에서 규칙성이나 연관성을 부여하고 그 의미를 찾는 마음의 작용을 가리킨다. 콘라트는 조현병의 초기 상태를 설명하면서 아포페니아를 정의했다.

정신병의 초기 상태기보다는 사람 마음의 일반적 경향으

로 아포페니아를 설명한 사람 중에 아모스 트버스키가 있다. 트버스키는 인지 편향이라는 개념을 대니얼 카너먼과 함께 내놓은 사람이다. 트버스키를 유명하게 만든 것 중 일명 '트버스키 테스트'가 있다.

심리학자들 사이에서 트버스키의 탁월한 지적 능력은 유명했다. 심리학자들은 기본적으로는 우스개 소리지만 어느 정도의 진실도 담아 간단히 지능을 검사하는 테스트를 만들었다. 그건 "트버스키가 당신보다 똑똑하다는 걸 빨리 깨달을수록 당신이 실제로 더 똑똑하다"는 거였다.

외과 의사의 정밀한 메스 같은 글을 썼던 트버스키는 아포페니아를 두고도 충분히 기량을 발휘했다. 아래의 글들은 아포페니아에 대한 그의 설명이면서 동시에 약식의 트버스키 테스트기도 하다.

"사람들은 패턴이 없는 곳에서 패턴을 본다. 그리고 패턴을 설명할 원인을 지어낸다."

"인간 만사에서 설명을 찾으려는 시도는 빈번히 무작위의 거부로 이어진다."

"사람들은 무작위에 대한 그릇된 개념을 가지고 있다. 우연에 의해 좌우되는 분포를 보면서도 거기서 무작위하지 않은 것을 보고 만다."

2012년 '백설공주'가 대표작인
렐러티비티는 무슨 엔딩?

영화계의 머니볼을 구현할 숫자 천재로 포장된 캐버노의 시
도는 과연 어떤 결과를 얻었을까? 가령 창업 이래로 2008년
말까지 렐러티비티의 이름이 어떠한 이유에서건 엔딩 크레
딧에 나오는 영화는 모두 22편이었다. 그중 좀 더 의미를 부
여할 수 있는 1번 제작사로 이름을 올린 영화는 모두 여덟 편
이었다.

그 여덟 편 중 가장 큰 제작비가 들어간 영화는 2007년
개봉한 '척 앤 래리'였다. 코미디를 잘하는 배우 애덤 샌들러
가 주연한 '척 앤 래리'는 약 천 억 원을 들여 2,200억 원의
극장 매표 수익을 거뒀다. 말하자면 대박은 아니지만 선방은
했다고 말할 정도는 되었다. 360억 원을 들인 시고니 위버 조
연의 2008년 코미디 '베이비 마마'도 770억 원을 벌어 최소

한 잃지는 않았다.

나머지 여섯 편은 그렇게 말하기 어려웠다. 톰 행크스와 줄리아 로버츠가 주연한 2007년 '찰리 월슨의 전쟁'은 900억 원을 들여 약 1,400억 원의 극장 매표 수익에 그쳤다. 제이슨 스테이섬 주연의 2008년 '데스 레이스'도 660억 원 들여 약 900억 원 벌고 끝났다. 미국 대학 미식축구의 최고 영예인 하이즈먼 트로피를 흑인 최초로 받은 어니 데이비스의 이야기를 다룬 2008년 영화 '더 익스프레스'는 480억 원이 들었는데 번 돈은 약 120억 원이었다. 여덟 편 전체를 합치면 5,000억 원 들여 7,400억 원에 머무는 결과였다.

엘리엇이 물주가 된 2009년부터 2011년까지 렐러티비티의 실적은 두 갈래로 바라봐야 했다. 한 부류는 위와 마찬가지로 렐러티비티가 1번 제작사인 영화였다. 그 수는 모두 13편이었다. 다른 부류는 무슨 이유로건 캐버노가 프로듀서로 이름을 올린 영화였다. 앞에서 언급됐던 2009년 '퍼펙트 겟어웨이'가 한 예였다. 이들은 전부 7편이었다. 이 중에서 2편은 렐러티비티가 1번 제작사를 맡았다. 즉 두 부류의 영화를 합치면 총 18편이었다.

순수한 첫째 부류의 영화 중 가장 큰 제작비를 들인 건

2009년 '로스트 랜드: 공룡 왕국'이었다. 기량이 있는 코미디 배우 윌 페럴이 주연하고 1,200억 원을 쓴 이 영화는 빈약한 각본 탓에 800억 원을 약간 넘는 극장 매표 수익을 거뒀다. 그다음으로 많은 돈을 쓴 건 2009년 뮤지컬 영화 '나인'이었다. 이 영화는 다니엘 데이루이스, 마리옹 코티야르, 페넬로페 크루즈, 니콜 키드먼 등 쟁쟁한 배우들이 출연하고 약 1,000억 원의 제작비를 퍼부었음에도 번 돈은 650억 원이 안되었다.

둘째 부류의 영화들은 전반적으로 첫째 부류보다는 나았다. 가령 슈퍼맨 배우인 헨리 카빌이 주연한 2011년 영화 '신들의 전쟁'은 900억 원을 들여 2,700억 원을 벌었다. 또 마크 월버그와 크리스천 베일이 출연한 2010년 저예산 영화 '파이터'는 130억 원으로 1,500억 원을 버는 기염을 토했다.

물론 '퍼펙트 겟어웨이'에 이어 두 번째로 캐버노가 1번 프로듀서로 이름을 올린 2011년 '테이크 미 홈 투나잇'은 약 230억 원의 제작비로 90억 원에 못 미치는 극장 매표 수익을 얻어 그의 체면을 구겼다. 사실 170억 원으로 270억 원을 번 '퍼펙트 겟어웨이'도 그렇게 좋다고 볼 결과는 아니었다. 3번 제작사기는 했지만 장동건 주연의 2010년 개봉작 '워리어스웨이'도 500억 원 들여 130억 원 버는데 그쳤다. 이맘때쯤에는 렐러티비티가 과거에 중개했던 영화에 돈을 댄 헤지펀드들이 돈을 잃었다는 게 확실해졌다.

렐러티비티의 성과를 3년간 꾹 참았던 엘리엇은 2011년 돌연 칼을 빼 들었다. 더 이상 렐러티비티가 돈을 빌리지 못하도록 막은 거였다. 헤집고 다니는 데 도가 튼 캐버노는 쉽게 수건을 던지지 않았다. 이미 다 찍어놓은 영화 '백설공주'를 무기로 새로운 전주를 찾아다녔다. 줄리아 로버츠와 릴리 콜린스가 주연한 '백설공주'는 캐버노와 렐러티비티가 각각 1번 프로듀서면서 1번 제작사인 최초의 사례기도 했다. 캐버노는 이의 배급권을 다른 영화사에 팔지 않고 직접 렐러티비티가 취급하기를 원했다.

그러다 돈다발을 든 백마 탄 왕자가 나타났다. 랠프스와 같은 미국 내 슈퍼마켓 체인을 여럿 가진 론 버클이었다. 버클은 먼저 '백설공주'의 배급권 일부를 사서 맛을 봤다. 1,100억 원이 들어간 '백설공주'는 딱 두 배인 2,200억 원을 벌었다. 버클은 렐러티비티가 독이 든 사과는 아니라고 보았다.

2012년 버클은 9,600억 원을 주고 엘리엇이 가진 렐러티비티의 주식을 모두 샀다. 1조 2,000억 원 이상의 돈을 집어넣었던 엘리엇이 2,000억 원 정도 손실을 보고 렐러티비티와의 악연을 정리한 셈이었다. 이는 캐버노의 서류상 재산을 키우는 데는 도움이 되었지만 렐러티비티의 영화 제작 및 배급에는 도움이 되지 않는 거래였다. 버클은 자신이 큰돈을 출자한 비상장주식펀드 콜벅캐피털을 동원해 추가로 4,200억 원을 렐러티비티에 빌려주었다. 이는 임시변통은 될지언정 근본적인 해결책은 아니었다.

렐러티비티의 이후 실적은 이전과 크게 다르지 않았다. 저예산으로 코미디를 제작하면 그럭저럭 괜찮은 결과를 얻고는 했다. 제라드 버틀러, 할리 베리, 리처드 기어, 휴 잭맨, 클로이 모레츠, 엠마 스톤 등이 줄줄이 나오는 2013년 '무비 43'은 72억 원 들여 389억 원을 벌었다. 같은 해에 개봉한 조쉬 더멜과 줄리안 허프 주연의 로맨스 스릴러 '세이프 헤이븐'은 330억 원으로 1,100억 원 이상을 벌기도 했다.

폭탄은 2013년 '47 로닌'이었다. 키아누 리브스가 주연한 이 영화는 2,400억 원의 돈이 들었지만 번 돈은 1,800억 원을 겨우 넘겼다. 제작하지 않고 배급만 했던 2013년 '파라노이아'도 렐러티비티의 돈을 증발시켰다. 리암 헴스워스와 엠버 허드가 주연한 '파라노이아'는 420억 원으로 고작 205억 원을 벌었다.

2014년 캐버노는 묘한 인연의 한 사람을 주주로 끌어들였다. 스티븐 므누신이었다. 므누신은 자신의 헤지펀드 외에 영화 제작에 돈을 거는 듄엔터테인먼트라는 회사도 가지고 있었다. 이를 통해 므누신은 '아메리칸 스나이퍼', '레고 무비' 같은 영화의 이그제큐티브 프로듀서 직함을 수집 중이었다. 므누신과 그의 친구들은 렐러티비티에 약 1,000억 원의 돈을 집어넣었다. 므누신은 렐러티비티 이사회의 공동 의장이 되었다.

2015년 렐러티비티는 파산했다. 헤지펀드들, 엘리엇, 버클의 뒤를 이어 므누신 무리도 돈을 고스란히 잃었다. 렐러티비티미디어가 보여줬듯이 통계 기법을 동원하고 이를 바탕으로 수익 확률을 최적화하는 건 결코 만병통치약은 아니었다. 렐러티비티가 찾은 마법의 공식은 무위험으로, 즉 변동성 없이 외부인의 돈을 꾸준히 까먹는 머니볼이었다.

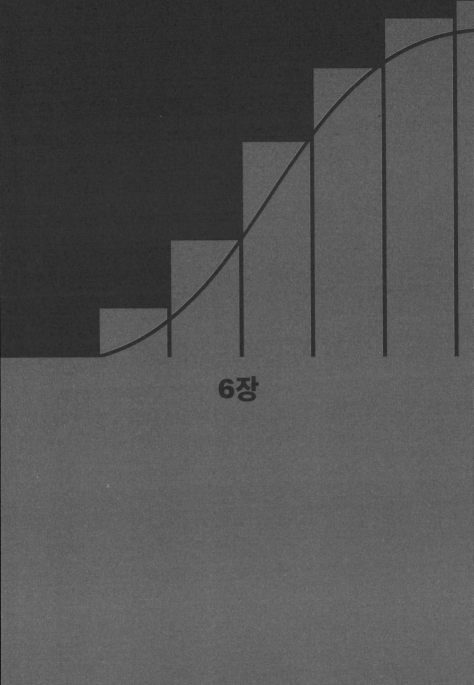

6장

뜨거운 손을
찾는다

울버린의 고집과 신념

윌리엄 머피는 이를테면 금수저였다. 머피의 아빠는 목재를 파는 비즈니스를 크게 했다. 머피는 물려받은 비즈니스를 더욱 키웠다. 그는 목재 회사에 그치지 않고 화약 회사와 석유 회사도 하나씩 가지게 되었다. 머피는 두 개의 손해 보험사도 다른 파트너들과 함께 경영했다. 그는 남부러울 게 없는 사람이었다.

머피가 마흔네 살이던 어느 날, 미시간 앤아버대학교의 8년 선배인 윌리엄 메이버리가 연락해 왔다. 변호사로서 미국 연방 하원 의원을 지낸 메이버리는 당시 디트로이트 시장이었다.

메이버리가 만나보라고 소개해 준 사람은 서른여섯 살의 미시간 태생이었다. 미시간을 상징하는 마스코트 동물인 울버린은 족제비의 일종으로 미시간 사람들을 가리키는 별명이기도 했다. 머피 앞에서 울버린은 자기가 직접 개발한 새로운 장치를 3시간 반 동안 시연해 보였다.

머피는 울버린이 개발한 장치를 깊이 이해할 만한 지식이나 경험은 없었다. 그럼에도 그것에 상당한 비즈니스 잠재력이 있다고 판단했다. 머피는 새로운 회사를 하나 세우기로 결심했다. 재력가인 머피가 회사의 창업 자본금을 혼자 힘으로 대지 못할 이유는 없었다. 그럼에도 그는 위험도 분산하고 또 좋은 건 끼리끼리 나누자는 생각에 11명의 친구들을 모았다. 즉 그는 울버린을 소개해 준 메이버리를 포함해 클럽 딜club deal[1]을 짰다.

머피의 무리는 돈은 있었지만 기술은 없었다. 기술은 울버린 거였다. 모두가 우러러보는 첨단 테크 회사를 8년간 다

---

1   일종의 공동 투자.

닌 올버린은 그 회사의 수석 엔지니어로서 적지 않은 연봉을 받고 있었다. 머피는 20퍼센트의 연봉 인상과 감독관이라는 직위를 가지고 올버린을 꾀어내는 데 성공했다. 올버린은 원래 직장에서 26퍼센트 연봉 인상과 총감독관 승진이라는 제안도 뿌리치고 머피의 회사에 합류했다.

올버린이 자기와 다른 꿈을 꾸고 있다는 걸 머피가 깨닫는 데 오랜 시간이 걸리지는 않았다. 빠른 제품화를 원하는 머피의 요구에도 불구하고 올버린은 좀 더 완벽한 제품을 개발해야 한다며 미적거렸다.

머피의 요구가 근거가 없지는 않았다. 올버린의 기술이 최첨단이기는 해도 이미 미국 전역에 60여 개의 스타트업이 비슷한 기술로 경쟁 중이었다. 게다가 몇몇 회사는 벌써 이익을 남기면서 몸집을 키워가고 있었다.

머피의 회사는 세워진지 6개월 만에 마침내 제품을 출시했다. 머피가 보기에 제품의 가장 큰 장점은 바로 경제적 합리성이었다. 즉 제품을 사는 데 기존 방식보다 두 배의 돈이 들지만 유지 비용까지 따지면 오히려 37퍼센트의 비용 절감을 이룰 수 있었다. 언론은 호의적인 기사를 실었다. 거기까지였다. 시장의 반응은 미적지근했다.

1년간 영업했지만 머피의 회사는 20개의 제품을 파는 데 그쳤다. 제품 가격이 높은 게 한 가지 이유였다. 제품의 완성도가 높지 않으면서 경쟁사 제품을 압도할 만한 특징이 없는 게 또 다른 이유였다. 매출은 추가로 발생된 비용의 30퍼센트에도 못 미쳤다. 이런 식으로 가봐야 미래는 없다고 판단한 머피는 결단을 내렸다.

울버린은 회사를 옮긴지 15개월 만에 잘렸다. 머피의 회사는 그로부터 3개월 뒤 폐업되었다.

난데없이 실업자 신세가 됐지만 울버린은 굴하지 않았다. 자기의 기술을 확신한 울버린은 최고의 경쟁 제품에 도전장을 내밀었다. 누구 게 더 나은지 사람들 보는 앞에서 공개적으로 대결하자는 거였다.

4년 전에 세운 회사를 잘 키워 가던 알렉산더 윈튼은 흔쾌히 도전을 받아주었다. 상대가 누구든 승리하면 자기 제품이 더욱 유명해지리라는 생각이었다. 혹시나 하는 마음으로 머피는 울버린의 개발 비용 대부분을 떠안았다. 구경꾼들은 대결 결과를 두고 돈내기를 벌였다. 승자는 울버린이었다.

하루아침에 울버린이 미국 최고 제품의 개발자로 등극하자 머피의 머릿속은 복잡해졌다. 그는 울버린에게 회사를 다시 만들어줄 테니 잘해 보자고 제안했다. 이미 한 번 내쳐졌고 이름값까지 생긴 울버린은 요구 조건을 높였다. 새로운 회사명을 자기 이름으로 짓고 감독관 대신 수석 엔지니어의 직함으로 불리면서 주식의 6분의 1도 갖겠다는 거였다. 머피는 마지못해 울버린의 요구를 받아들였다.

사람은 쉽게 바뀌지 않았다. 머피는 울버린이 이번엔 빠른 상용화에 힘쓸 거라 기대했지만 울버린은 제품의 성능을 높이는 엔지니어링에만 매달렸다. 울버린은 자기가 회사의 전권을 가진 양 머피의 말을 들은 척 만 척했다. 머피의 인내심은 3개월 만에 바닥났다.

머피는 손해보험사 대표 레뮤얼 보웬과 함께 업계의 유명 엔지니어를 컨설턴트로 불러들였다. 돈을 더 까먹기 전에 남은 자산이라도 챙겨보자는 심산이었다. 즉 머피와 보웬이 주문한 건 회사를 청산하면 얼마나 건질 수 있는지의 가치 평가였다. 컨설턴트의 이름은 헨리 릴런드였다.

고삐 풀린 망아지 같은 울버린이 보기에도 릴런드는 만만치 않은 사람이었다. 울버린보다 스무 살이 많아 환갑을 바라보는 릴런드는 업계의 최고 베테랑이었다. 바닥부터 시작해서 최고의 자리까지 오른 릴런드는 자기 회사도 성공적으로 경영하던 입장이었다.

말하자면 머피는 계속되는 성공으로 자신의 기량을 증명한 이른바 '뜨거운 손'을 회사로 불러들인 거였다.

회사가 자기 거라고 순진하게 믿은 울버린은 이사회가 불러들인 릴런드의 질문과 요청을 처음에는 무시했다. 그래 봐야 자기가 더 이상 아무런 권한도 남아 있지 않은 허수아비라는 걸 깨닫는 데에 오랜 시간이 걸리지는 않았다.

회사가 새로 생긴 지 단 100일 만에 울버린은 회사를 그만뒀다. 회사가 자기 이름을 계속 사용할 수 있게 허락하는 대가로 연봉의 반을 일시불로 받은 게 보상의 전부였다.

머피가 두 번 쫓아낸 울버린은 바로 헨리 포드였다.

포드가 회사를 그만둔 지 15개월이 지난 1903년 6월, 현재까지 존립하는 포드모터 회사가 세워졌다. 포드모터 설립 당시 포드의 지분율은 다른 한 명과 함께 약 25퍼센트로 제일 높았다.

그래도 회사의 사장은 사탕 회사로 큰돈을 벌고 나중에 은행도 소유하게 됐던 존 심슨 그레이가 맡았다. 부사장이던 포드가 포드모터의 사장이 된 건 1906년 그레이가 갑자기 심장마비로 죽고 나서였다.

스프링필드 병기 공장과 콜트를 거친
자동차 업계의 핫 핸드

버몬트 태생의 릴런드는 남북 전쟁 때 10대 후반의 나이로 북군에 입대를 자원했다. 퀘이커 교도였던 그는 노예제 폐지를 지지했다. 그러나 북군은 나이가 어리다는 이유로 릴런드의 입대를 거부했다. 하는 수 없이 그가 들어간 곳이 미국 연방 정부가 운영하는 스프링필드 병기 공장이었다. 릴런드는 그렇게라도 북군의 전쟁에 도움이 되고 싶었다.

영국의 왕립 울리치 병기 공장에 비견될 만한 스프링필드는 표준화된 부품이라는 개념의 성지였다. 남북 전쟁 때 양 군대가 공통적으로 사용한 주력 소총 스프링필드 1855가 바로 이곳에서 1855년에 개발된 소총이었다. 또한 스프링필드 소속 엔지니어였던 존 개런드가 15년에 걸쳐 개발한 반자동 소총이 2차 대전 때 미군 보병의 상징과도 같았던 M1이었다.

1865년 남북 전쟁이 끝나면서 릴런드는 직장을 잃었다. 하지만 스프링필드에서 일한 경험을 좋게 봐주는 곳이 금방 나타났다. 리볼버 권총으로 유명한 콜트였다. 콜트를 세운 새뮤얼 콜트는 헨리 포드 이상으로 흥미로운 인물이었다. 미국 독립 전쟁 때 소령이었던 외할아버지의 화승총을 어려서부터 장난감으로 가지고 놀았던 콜트는 스물한 살 때 리볼버 총의 특허를 얻고 회사 두 개를 연달아 세웠다. 하나는 총기 회사였고 다른 하나는 기뢰 회사였다. 두 회사 모두 몇 년을 버티지 못하고 망했다.

콜트의 세 번째 회사를 살린 건 역시나 전쟁이었다. 1846년 미국이 멕시코 땅인 텍사스를 침공하면서 시작된 미국-멕시코 전쟁이 계기가 되어 미국 육군은 콜트 권총과 소총을 제식 무기로 삼았다.

당연히 콜트는 벼락부자가 되었다. 그는 공격적인 특허 소송으로 리볼버 총의 독점을 확보했다. 콜트는 상술에도 남다른 재주가 있었다. 가령 그는 왕과 정치인들에게 그들의 이름이 아로새겨진 권총을 선물했다. 필요하다면 한술 더 떠 권총을 금으로 상감하기도 했다.

그의 상술은 그게 전부가 아니었다. 일례로, 콜트는 튀르키예의 술탄 압뒬메지트 1세에게 러시아가 총을 잔뜩 사 갔다고 귀띔했다. 그 결과 압뒬메지트 1세도 콜트의 총을 대량 주문했다. 콜트가 이전에 러시아 황제에게 속삭였던 튀르키예의 콜트 총 주문은 그러니까 거짓말이었다. 콜트는 미국의 내전인 남북 전쟁 때 남군과 북군에 동시에 총을 팔았다. 말하자면 콜트는 19세기 후반의 일명 '죽음의 수퍼세일즈맨' 바실 자하로프의 스승이었다. 콜트의 마케팅 슬로건은 "신이 인간을 만들었고, 콜트 대령이 그들을 평등하게 만들었다"였다.

기술적 관점에서 콜트의 성공은 호환이 가능한 부품의 표준화에 있었다. 이는 제품의 품질 향상과 대량 생산을 가능하게 했다. 콜트의 공장은 조립 라인의 개념을 실제로 구현한 최초의 사례였다. 릴런드는 콜트에서 7년간 일했다.

릴런드가 스프링필드와 콜트에서 표준화된 부품의 호환이라는 개념을 배웠다면 그 후 20년 넘게 일했던 브라운 앤드 샤프에서는 그걸 가능하게 하는 정밀 가공을 배웠다.

정밀 가공의 선두 주자였던 브라운 앤드 샤프는 19세기부터 20세기 중반까지 전 세계에서 가장 큰 공작기계 회사였다. 정밀 가공이 뒷받침되지 않는다면 부품의 호환은 실현될 수 없었다. 캐나다인으로 태어난 개런드 역시 브라운 앤드 샤프에서 7년간 일한 경력이 있었다.

릴런드는 헨리 포드 회사의 가치 평가 결과를 머피와 보웬에게 알렸다. 회사를 청산해 버리지 말고 회사 소유의 공작기계와 공구를 활용해 새로운 자동차를 생산하는 게 낫다는 결론이었다. 그게 가능한 결정적인 이유는 릴런드가 개발한 휘발유 엔진이 있었기 때문이었다. 릴런드의 엔진은 포드가 개발한 엔진보다 출력은 떨어졌지만 제작 비용이 적었다. 게다가 릴런드의 회사는 나중에 제네럴모터스의 다섯 승용차 사업부 중 위에서 세 번째가 될 올즈모빌에 이미 변속기도 납품하고 있었다.

머피와 보웬이 릴런드의 조언을 따르지 않을 이유는 없었다. 릴런드는 자기 돈을 들일 생각도 있었다. 다만 한 가지가 걸렸다. 릴런드는 포드의 이름이 붙은 회사의 대주주가 되고 싶지는 않았다.

머피와 보웬은 릴런드에게 새로운 회사 이름을 마음대로 정하라고 권했다. 들인 돈만 무사히 회수할 수 있다면 회사명쯤이야 아무래도 상관없었다.

1902년 8월 머피, 보웬, 릴런드는 헨리 포드 회사의 공장 자산만 인수하는 방식으로 새로운 회사를 세웠다. 릴런드가 고른 회사명은 캐딜락자동차였다.

캐딜락은 프랑스 남부 가스코뉴의 작은 마을인 카디약을 영어로 발음한 결과였다. 릴런드가 생각한 캐딜락은 1701년 디트로이트강 근처에 퐁샤트르랭 요새를 세우고 프랑스 식민지인 루이지애나의 총독을 지낸 앙투안 로메였다.

프랑스인이었던 로메는 아메리카로 건너가면서 스스로를 카디약의 귀족으로 소개했다. 그건 사실무근이었다. 어쨌든 나중에 주인이 바뀐 퐁샤르트랭 요새는 도시 디트로이트의 시초가 되었다. 방패 모양의 캐딜락 로고는 로메가 혼자서 지어낸 카디약 가문의 문장을 따라 한 거였다.

릴런드의 자동차는 처음부터 시장에서 좋은 반응을 얻었다. 캐딜락의 정밀도가 다른 자동차와 비교가 안 될 정도로 앞선 덕분이었다. 1905년 릴런드는 자신의 기존 회사와 캐딜락을 합병했다.

특히 캐딜락은 1908년 영국 왕립 자동차 클럽의 듀어 트로피를 받으면서 전 세계적인 명성을 얻었다. 양산차들을 분해한 뒤 부품을 섞어 다시 조립된 세 대의 캐딜락이 모두 800킬로미터의 주행 시험을 무사히 통과했을 뿐만 아니라 그중 무작위로 선택된 한 대가 3,200킬로미터의 내구 경주에서 우승한 때문이었다.

뜨거운 손인 릴런드를 원하는 사람이 없다면 그게 이상할 노릇이었다. 그중 한 명이 릴런드보다 열여덟 살 어린 윌리엄 듀랜트였다. 고등학교를 중퇴한 듀랜트는 시가 회사 영업 사원을 거쳐 미국에서 가장 큰 마차 회사를 갖게 된 사람이었다. 그는 처음에는 자동차를 자기 비즈니스의 위협으로 여기다가 역발상으로 자동차 회사를 사 모은다는 결심을 했다.

해롱거리던 자동차회사 뷰익은 1904년 듀랜트가 지배하게 되면서 이내 포드나 캐딜락보다 더 많은 차를 팔게 되었다. 엔진은 몰랐지만 탈것이라는 본질에는 누구보다 경험이 많았던 듀랜트의 공이었다. 그는 무엇보다도 파는 법을 잘 알았다.

자신감이 붙은 듀랜트는 1908년 9월 제네럴모터스를 세웠다. 그 회사명은 토마스 에디슨의 제네럴일렉트릭을 따라한 결과였다. 모터는 나중에 자동차로 의미가 확장됐지만 본래의 뜻은 원동기, 즉 엔진이었다.

듀랜트의 회사는 이를테면 '종합원동기' 회사였다. 종합병원에 다양한 진료과가 존재하듯이 제네럴모터스에는 다양한 자동차 회사가 존재한다는 게 듀랜트의 비전이었다.

뷰익은 이제 제네럴모터스의 자회사가 되었다. 같은 해 11월 뷰익처럼 비틀대던 올즈모빌도 새로 제네럴모터스의 자회사로 편입되었다. 다음 목표가 바로 릴런드의 캐딜락이었다.

듀랜트가 원하는 건 캐딜락이라는 상표기보다는 릴런드라는 사람이었다. 하지만 캐딜락을 사지 않고 릴런드를 얻을 방법은 없었다.

결국 1909년 듀랜트는 릴런드를 얻는 데 성공했다. 듀랜트가 처음에 제시한 캐딜락 인수 가격은 10년 전에 머피가 세웠던 디트로이트자동차 설립 자본금의 200배였다. 디트로이트자동차는 포드가 에디슨조명을 나와 감독관으로 들어갔던 머피의 회사였다.

최종적으로 건넨 건 그보다 90퍼센트 더 높은 값의 제네럴모터스 주식이었다. 여기에 더해 릴런드는 뷰익과 올즈모빌은 물론이고 앞으로 사들일 자동차 회사까지 포함해 캐딜락이 제네럴모터스의 최상급 간판 브랜드여야 한다는 조건을 붙였다. 듀랜트는 릴런드의 추가 조건도 받아들였다.

릴런드를 얻었지만 그 뒤 듀랜트는 롤러코스터를 탔다. 릴런드의 잘못은 아니었다. 그건 사업의 모험을 즐기는 듀랜트의 성격 때문이었다.

듀랜트는 진열장의 트로피처럼 계속 회사를 사 모았다. 1909년까지 그렇게 산 자동차 회사가 13개, 자동차 부품 회사가 10개였다. 제일 큰 먹잇감은 물론 포드였다. 돈을 빌려 포드를 사려던 듀랜트의 계획은 은행들이 캐딜락 인수 비용의 반도 안 되는 대출을 거부하면서 실패했다. 1910년 은행들은 제네럴모터스의 이사회를 통해 듀랜트를 최고 경영자에서 내쫓았다.

헨리 릴런드가 채용한
세계 최초의 미사일을 만들 사람은?

듀랜트가 쫓겨나기 전부터 릴런드는 한 가지 고민거리가 있었다. 나이는 아니었다. 제네럴모터스에 캐딜락을 팔았을 당시 릴런드는 예순여섯 살이었지만 여전히 팔팔했다. 캐딜락의 경영은 여전히 릴런드의 손에 있었다. 또 릴런드의 아들인 윌프리드는 캐딜락 설립 이전부터 릴런드의 오른팔로서 재무를 담당했다.

경쟁도 큰 문제는 아니었다. 캐딜락은 높은 품질과 신뢰성으로 비싼 값에도 팔리는 차였지만 그렇다고 가장 호사스러운 차는 아니었다. 캐딜락을 능가하는 최고급 자동차는 얼마든지 있었다. 가령 모터 나라의 3P라고 일컬어지던 피어스 애로우, 패커드, 피어리스는 모두 캐딜락의 두 배가 넘는 가격에 팔렸다. 1909년 미국 대통령이 된 윌리엄 태프트는 피어스 애로우 여러 대를 백악관의 관용차로 구입했다. 다음 대통령 우드로 윌슨도 피어스 애로우를 탔다. 그다음 대통령 워런 하딩은 재임 중 갑자기 죽을 때까지 패커드를 관용차로 썼다. 릴런드는 이런 차들과 경쟁할 생각이 없었다.

릴런드의 고민거리는 자동차의 엔지니어링 문제였다. 캐딜락이 제네럴모터스에 인수되기 1년 전에 한 사람이 죽었다. 그 사람은 포드와 공통점이 많았다. 그 역시 울버린이었다. 그리고 포드와 같은 자동차 엔지니어였다. 그의 이름은 바이런 카터였다. 릴런드는 자기보다 스무 살 어린 카터를 개인적으로 알고 있었다.

카터는 증기 기관에 전문성이 있었다. 특허도 있었을 뿐아니라 증기 자동차를 만들기도 했다. 그 당시 한창 비행기를 개발 중이던 라이트 형제처럼 자전거 공장도 하던 카터는 1902년 두 명의 동업자와 함께 잭슨자동차를 설립했다.

3년 만에 동업자들과 갈라서고 나서는 곧바로 자신의 이름을 딴 자동차 회사를 세웠다. 카터자동차는 특히 카터가 몸소 개발한 기어를 사용하지 않는 이른바 마찰 구동 장치로 유명했다. 그 덕분에 듀랜트가 1909년에 수집한 자동차 회사 목록에 이름을 올리기도 했다.

디트로이트강에는 여의도만 한 크기의 벨이라는 섬이 있었다. 프랑스어로 아름다운 섬인 그곳 근처를 지나던 카터는 차 한 대가 도로에 멈춰 서 있는 걸 봤다. 초창기의 자동차는 당연하게도 문제가 많았다. 고장이 나서 오도 가도 못하게 되는 게 드문 일이 아니었다. 차를 잘 아는 카터는 자기가 도와줄 일이 있을지 모른다고 생각하고 자기 차를 세웠다. 물어보니 큰 문제는 아닌 듯했다. 단지 시동을 걸지 못할 뿐이었다.

요즘과 달리 초기 자동차는 시동을 거는 게 쉬운 일이 아니었다. 휘발유 엔진은 일단 작동하기 시작하면 연료가 바닥나지 않는 한 저절로 계속 돌았다. 엔진 크랭크축과 플라이휠의 회전 관성 때문이었다. 그래서 기화된 휘발유에 불을 붙이기 전에 일단 크랭크축을 돌릴 필요가 있었다.

쉽게 말해 시동 걸 때만 설치하는 크랭크를 엔진에 연결한 후 그걸 손으로 힘차게 돌려야 했다. 크랭크를 돌리는 힘이 충분히 세지 않으면 시동은 걸리지 않았다. 멈춰 선 자동차의 운전자가 여자였는데 그 사람에게는 버거울 수 있는 일이었다.

수동 크랭크 시동에는 다른 문제도 있었다. 시동이 걸릴 때 잘못되면 크랭크가 빠른 속도로 회전할 수 있었다. 거기에 맞으면 크게 다치기 십상이었다. 카터는 그런 식으로 시동용 크랭크에 얻어맞아 팔과 턱이 부러졌다.

다행히도 얼마 후 캐딜락의 두 엔지니어가 마침 현장을 지나쳤다. 그들은 차의 시동을 걸어주고 카터를 병원에 데려다주었다. 그럼에도 카터는 몇 주 후 죽었다. 보고를 들은 릴런드는 애먼 크랭크에 욕을 퍼부었다. "캐딜락이 사람들을 그런 식으로 다치게 하는 일은 없게 하겠어"라는 게 비통한 릴런드의 대답이었다.

릴런드는 기계에서는 뜨거운 손이었지만 그 외에는 밋밋한 손이었다. 농구의 황제 마이클 조던도 골프에서는 그저 그런 실력이었다. 릴런드는 캐딜락의 엔지니어들과 함께 안전한 시동 장치를 만들려 했지만 쉽지 않았다. 기계적인 방식으로 이를 달성하기가 불가능에 가깝다는 건 알 수 있었다.

릴런드는 전기적인 방식이 실마리가 될지도 모른다고 생각했다. 하지만 캐딜락에는 자신을 포함해 이걸 할 수 있는 엔지니어가 없었다.

안에서 해결이 안 된다면 그다음은 밖에서 찾을 일이었다. 릴런드는 미국의 일반적인 자동차 엔지니어라면 하지 않을 일을 무심하게 했다. 이탈리아의 자동차 엔지니어들이 거의 에밀리아로먀냐 태생이듯 미국의 자동차 엔지니어 태반은 울버린이었다.

울버린들이 가장 싫어하는 게 버크아이였다. 딱딱한 열매를 맺는 침엽수인 버크아이는 동시에 오하이오 사람들의 별명이었다. 미시간과 오하이오는 털리도를 포함한 접경 지역을 두고 1835년 서로 민병대를 동원해 전쟁을 벌인 적도 있는 사이였다.

릴런드가 찾은 사람은 오하이오 태생으로 1904년 스물여덟 살에 오하이오주립대학교 전기공학 학부를 졸업한 찰스 케터링이었다. 케터링은 내셔널 캐시 리지스터NCR를 5년간 다니며 23건의 특허를 등록했던 사람이었다.

1909년 엔씨알을 나온 그는 델코라는 자동차 전장 부품 회사를 세웠다. 케터링이 개발한 점화 장치가 마음에 들었던 릴런드는 1910년 이를 캐딜락에 도입했다. 케터링의 기량을 확인한 릴런드는 전기 시동 장치 개발을 그에게 주문했다.

1911년 케터링은 세계 최초의 전기 시동 장치를 만드는데 성공했다. 케터링이 찾은 해결책은 전기 시동 장치, 점화 장치, 전조등을 모두 연결하는 통합 시스템을 만드는 거였다. 이러한 구조는 오늘날까지도 그대로 사용될 정도로 효과적이었다. 릴런드는 1912년부터 캐딜락의 모든 차에 델코의 전기 시동 장치를 달았다. 1913년 영국 왕립 자동차 클럽은 캐딜락에게 두 번째의 듀어 트로피를 안겼다.

하는 것마다 성공하는 케터링의 기록은 그게 끝이 아니었다. 1917년 미국이 제1차 세계 대전 참전을 결정하자 케터링은 델코의 자회사로 데이튼-라이트를 세웠다. 데이튼은 델코가 있는 도시 이름이었고 라이트는 라이트 형제의 동생, 오빌 라이트를 뜻했다. 제1차 세계 대전이 끝나기 약 한 달 전 데이튼-라이트에서 개발된 무인 비행기가 비행에 성공했다. 공식 명칭이 '케터링 공뢰'인 그건 말하자면 세계 최초의 순항 미사일이었다. 일명 '케터링 벌레'는 120킬로미터 떨어진 곳을 80킬로그램의 폭약으로 타격할 수 있었다.

유럽 하늘의 자유를 지키기 위해
미국이 내린 결정

1910년에 제네럴모터스에서 쫓겨난 듀랜트는 집에서 놀 생각이 없었다. 1911년 또 다른 제네럴모터스를 만들 생각으로 두 개의 자동차 회사를 세웠다. 그중 하나가 뷰익의 스타 레이서였던 루이스 쉐보레와 함께 세운 쉐보레였다.

1916년 듀랜트는 쉐보레의 주식을 이용해 제네럴모터스의 경영권을 다시 확보했다. 얼마 후 쉐보레 또한 제네럴모터스의 자회사가 되었다. 듀랜트의 복귀가 릴런드에게 미치는 영향은 없었다.

1917년 그동안 아무런 문제가 없던 릴런드와 듀랜트 사이에 금이 갔다. 그해 4월 윌슨의 제1차 세계 대전 참전 요청이 미국 의회에서 통과된 게 계기였다.

미국 정부는 전시 동원의 차원에서 막 개발된 엔진의 생산을 캐딜락에 맡기려 했다. 캐딜락이 미국 전체에서 가장 정밀한 가공 능력을 가진 회사라는 증거였다. 듀랜트는 미국 정부의 요청을 기쁘게 받아들이려는 릴런드를 가로막았다. 릴런드에게 제네럴모터스의 사장으로 복귀한 듀랜트의 반대는 곧 명령이었다.

듀랜트가 반대한 이유는 간단했다. 그는 반전주의자였다. 미국이 직접 침공을 당한 게 아닌 이상 미국의 참전은 흘리지 않아도 될 미국 젊은이들의 피를 흘리게 하는 부도덕한 행위라는 거였다. 듀랜트는 캐딜락뿐만 아니라 제네럴모터스의 모든 자회사들의 전쟁 물자 생산을 거부했다.

반면 릴런드는 전혀 다른 생각을 가지고 있었다. 그는 무엇보다도 미국이라는 국가를 사랑하는 애국자였다. 게다가 생산 요청을 받은 엔진 이름이 더도 덜도 아닌 리버티, 즉 자유였다.

리버티는 남북 전쟁의 게티스버그 전투 현장에서 미국 대통령 에이브러험 링컨이 했던 272단어의 짧은 연설에도 나오는 바로 그 단어였다. 그런 이름을 가진 엔진 생산을 하지 못한다는 건 릴런드로서는 참을 수 없는 모욕이었다.

리버티는 제1차 세계 대전을 위해 완전히 새롭게 디자인된 엔진이었다. 처음에 모험가의 장난감 같았던 비행기는 전쟁을 치르면서 정찰과 폭격에 이어 하늘에서 전투를 벌이는 수단이 되었다.

1916년 멕시코의 판초 빌라를 잡는다며 멕시코 영토로 들어간 미국 육군은 처음으로 비행기를 실제 임무에 투입해 보았다. 그때 사용한 커티스 제니의 성능은 전혀 만족스럽지 않았다. 제니의 엔진인 커티스 OX-5의 엔진 무게 1킬로그램당 출력은 약 0.6마력이 전부였다. 이런 엔진과 비행기로 전쟁은 무리였다.

참전 결정을 내린 지 한 달 뒤 미국 정부는 제시 빈센트와 앨버트 홀을 불러 모았다. 둘 다 엔진으로 고명한 엔지니어였다. 그 둘의 임무는 비행기에 장착할 강력한 엔진의 도면을 그리는 거였다.

패커드자동차의 빈센트가 대량 생산의 권위자라면 버클리에 자기 회사가 있던 홀은 고출력을 내는 신기술의 전문가였다. 그들이 호텔방에 갇혀 5일간 작업한 끝에 나온 결과물이 바로 리버티였다. 리버티의 킬로그램당 출력은 약 1.2마력이었다.

릴런드는 결국 캐딜락을 제네럴모터스에 남겨두고 나왔다. 리버티를 생산하려면 다른 방법이 없었다. 1917년 8월 릴런드는 아들 윌프리드와 함께 새로운 회사를 세웠다. 그의 나이 일흔네 살 때였다. 새로운 회사의 목적은 단 하나였다. 바로 리버티의 생산이었다.

릴런드는 이번에도 회사명에 자기 이름을 넣지 않았다. 릴런드에게는 자기 이름보다 더 나은 게 있었다. 유럽 하늘의 자유를 지킨다는 대의명분에 걸맞은 이름이었다. 남북 전쟁 때인 1864년 처음 투표권을 행사하면서 자기가 표를 주었던 사람의 이름이기도 했다. 그건 바로 흑인 노예들에게 자유를 가져다주다가 암살된 에이브러험 링컨이었다. 릴런드의 새 회사 이름은 링컨모터였다.

개전 시점에 미국 육군 항공대가 보유한 비행기는 모두 280대였다. 그마저도 모두 연습기였다. 미국 전쟁부는 추격기 6천 대, 정찰기 3천 대, 폭격기 2천 대를 생산하기로 결정했다. 이들에 사용될 리버티의 총 대수는 모두 2만 2,500대였다. 그만한 수량을 단독으로 감당할 수 있는 회사는 없었다. 미국 전쟁부는 믿을 만한 회사 여럿을 골라 수량을 나누어주었다.

포드가 낀 건 있을 법한 일이었다. 포드는 모두 3,950대를 생산했다. 빈센트의 패커드가 들어온 것도 이상하지 않았다. 홀의 회사는 너무 작다는 이유로 끼지 못했다. 고급차 회사였던 마몬도 이름을 올렸다.

어이없는 일도 생겼다. 캐딜락과 뷰익이 리버티를 결국 생산한 거였다. 중도에 듀랜트의 마음이 바뀐 탓이었다. 릴런드가 미국 전쟁부로부터 생산 요청을 받은 대수는 모든 회사 중 가장 많은 9,000대였다.

스테폰 커리의 연속 3점 슛 성공이
도박꾼의 오류라면?

스테폰 커리는 엔비에이의 유명 농구 선수다. 그는 188센티미터밖에 되지 않는 키로 소속 팀 골든스테이트 워리어스를 네 차례나 엔비에이 챔피언의 자리에 올려놓았다. 그는 또한 리그의 최우수 선수로도 두 차례 뽑혔다. 그가 엔비에이 역사상 가장 위대한 선수였는지에 대해서는 이견이 분분하다. 그러나 아무 데서나 쏘는 3점 슛으로 농구 경기의 방식을 바꾼 선수라는 거에 대해서는 모두가 동의한다.

말할 필요도 없이 커리의 3점 슛 기량은 탁월하다. 그건 42.6퍼센트인 엔비에이 정규 시즌 통산 3점 슛 성공 빈도율로 충분히 증명된다. 역대 1위인 스티브 커의 45.4퍼센트보다는 낮지만 12위라는 순위가 결코 낮지 않다. 게다가 24.7점이라는 커리의 경기당 평균 득점을 커의 6.0점과 비교하면 더욱 분명해진다.

그런데 커리는 경기에서 더러 다른 선수가 되는 것처럼 보인다. 요샛말로 "그분이 오시면" 안 그래도 막기 힘든 선수가 어떻게 해 볼 수 없는 선수가 되고 만다. 그런 커리는 평소보다 더 먼 거리에서 슛을 쏘고, 수비가 붙어도 쏘고, 보통 때의 자기였다면 쏘지 않았을 무모한 슛을 던진다. 그리고 연달아 집어넣는다. 한마디로 "불타오른다".

커리는 경기 중 가끔 괴이한 슛을 쏜다. 자기가 불이 붙었는지 확인하기 위해 쏘는 슛이다. 그런 슛은 림도 건드리지 못하고 빗나가도 팬들이 뭐라고 하지 않는다. 커리가 "열 확인" 중이라는 걸 알고 있어서다.

그러다 커리가 이른바 "뜨거운 손"이 되고 나면 삼국지에서 오의 주유가 손권에게 말했듯이 그는 소향무적, 즉 어디를 향하든 대적할 사람이 없다.

커리의 뜨거운 손을 통계학은 냉정한 눈으로 바라본다. 연속되는 슛 성공은 우연의 결과일 뿐 특별한 상태가 아니라는 거다. 가령 슛 성공 확률이 50퍼센트인 선수가 다섯 개를 연이어 넣을 확률은 3퍼센트를 겨우 넘는다. 통산 3점 슛 성공 빈도율이 42.6퍼센트인 커리가 다섯 개를 잇따라 넣을 확률은 그보다도 적은 1.4퍼센트다. 다시 말해 그런 일이 드물기는 해도 발생 가능성이 아예 없지는 않다는 거다.

경제학에는 뜨거운 손과 관련이 깊어 보이는 용어가 있다. 일명 '도박꾼의 오류'다. 도박꾼의 오류란 가령 룰렛에서 검은 색이 계속 이겼을 때 '검은 색이 그동안 계속 나왔으니 이제 빨간 색이 나올 때가 됐다'고 생각하는 걸 가리킨다. 룰렛에서 검은 색과 빨간 색이 나올 확률은 50퍼센트로 똑같으며 이전에 무슨 색이 나왔는지는 미래의 결과에 아무런 영향을 주지 못한다.

뜨거운 손은 도박꾼의 오류와 쌍을 이룬다. 이전에 연속으로 성공했으니까 계속 성공할 거라는 생각은 이전에 계속 실패했으니까 이제는 성공할 때가 됐다는 생각과 본질이 같다. 적은 수의 과거 표본을 가지고 미래를 예측할 수 있다는 관점이기 때문이다. 통계학과 경제학의 결론은 하나다. 과거에 무슨 일이 있었든 미래의 결과는 변하지 않는다. 한마디로 뜨거운 손은 신기루라는 얘기다.

뜨거운 손을 다른 각도에서 바라본 사람도 있었다. 5장에 나왔던 아모스 트버스키였다. 그는 뜨거운 손을 인지 편향의 대표적 사례로 봤다. 아포페니아를 설명한 그의 글, 즉 "사람들은 패턴이 없는 곳에서 패턴을 본다. 그리고 패턴을 설명할 원인을 지어낸다"는 뜨거운 손에 대한 완벽한 대답 같다.

코넬대학교의 토마스 길로비치는 1985년 트버스키와 함께 농구의 뜨거운 손에 대한 논문을 썼다. 미시간 앤아버대학교 심리학 박사인 트버스키는 스탠퍼드대학교에서 대학원생인 길로비치를 가르쳤다. 트버스키가 길로비치의 박사 지도교수는 아니었지만 길로비치에게 큰 영향을 주었다.

뜨거운 손이 실제로 존재한다면, 연속으로 슛에 성공했을 때 슛 성공 확률이 올라가야 한다. 길로비치가 엔비에이 팀인 필라델피아 식서스와 보스턴 셀틱스 선수들의 데이터를 분석해 보니 유의미한 차이를 발견할 수 없었다. 즉 이전에 몇 개의 슛을 연달아 성공했을 때나 그렇지 않았을 때나 슛 성공 빈도율은 사실상 같았다.

학계는 뜨거운 손을 이야기하는 농구인들을 이제 한마음으로 비웃었다.

2018년 스페인 알리칸테대학교의 조슈아 밀러와 아담 산후료가 논문을 내면서 모든 게 바뀌었다. 가장 간단한 사례로써 이를 설명해 보겠다. 연속된 세 번의 슛의 결과는 아래 표처럼 모두 여덟 가지 종류가 있다. 슛의 성공 확률이 50퍼센트일 때 각각의 결과가 발생할 확률이 다를 이유가 없으므로 이들이 발생할 가능성의 크기는 모두 같다.

결과	세 번 슛한 결과	골 다음 슛 횟수	골 다음 골 횟수	골 다음 골의 빈도율
A	골-골-골	2	2	100%
B	골-골-노골	2	1	50%
C	골-노골-골	1	0	0%
D	골-노골-노골	1	0	0%
E	노골-골-골	1	1	100%
F	노골-골-노골	1	0	0%
G	노골-노골-골	해당되지 않음	-	-
H	노골-노골-노골	해당되지 않음	-	-
골 다음 골이 나올 빈도율의 기댓값				
$\dfrac{5}{12}$ = 41.7%				

골을 기록한 후 곧바로 다음 번에 또 다시 골을 기록할 가능성을 따져 보면, 결과가 A일 때 두 번 중 두 번 모두 성공하므로 빈도율은 100퍼센트다. 또한 결과가 B일 때는 두 번 중 한 번만 성공하므로 빈도율은 50퍼센트고, 결과가 C일 때는 한 번 중 한 번도 성공하지 못하므로 빈도율은 0퍼센트다. 이런 식으로 결과가 D, E, F일 때도 표처럼 빈도율을 구할 수 있다.

한편 결과가 G거나 H면 골을 기록한 후 슛을 할 기회가 아예 없으므로 골 다음 골의 빈도율 자체가 정의되지 않는다. 그러므로 이 결과들은 골 다음 골이 나올 빈도율의 기댓값을 계산할 때 제외되어야 마땅하다. 그렇게 골 다음 골이 나올 빈도율의 기댓값을 구해보면 표에 나온 대로 41.7퍼센트로 계산된다.

밀러와 산후료의 결과가 의미하는 바는 개별 슛의 성공 확률이 50퍼센트일 때 뜨거운 손에 해당하는 시나리오가 발생할 빈도율의 기댓값은 50퍼센트보다 한참 적은 41.7퍼센트라는 거였다. 달리 말해 길로비치와 트버스키의 논문처럼 이전에 몇 개의 슛을 연달아 성공했을 때와 그렇지 않았을 때의 슛 성공 빈도율이 같았다면 이는 오히려 실제로 뜨거운 손이 존재한다는 확실한 증거라는 얘기였다.

밀러와 산후료는 개별 슛의 성공 확률이 50퍼센트가 아닐 때와 뜨거운 손을 정의하는 연속 성공 횟수가 1이 아닌 일반적인 상황에서도 자신들의 결론이 달라지지 않음을 논문에서 보여주었다.

밀러는 산후료와 함께 쓴 논문이 학술지에 게재되기 전인 2015년 뉴욕의 컬럼비아대학교에서 위 결과를 발표할 기회가 있었다. 강연을 들으러 온 사람은 채 12명이 넘지 않았다.

그렇지만 학계는 머릿수보다 두뇌의 질이 중요한 바닥이었다. 강연장에는 불확실성의 현자 나심 니콜라스 탈레브와 트버스키의 오랜 연구 파트너 대니얼 카너먼이 와 있었다. 그건 밀러의 연구가 심상치 않다는 징표였다. 자신의 과거 논문에 잘못이 있다는 지적에 누구보다도 할 말이 많아야 할 사람인 트버스키는 1996년에 사망해 나타날 방법이 없었다.

캘리포니아 버클리대학교 심리학 박사인 카너먼은 밀러의 발표를 들은 후 손을 들고 질문을 했다. 강연장에 있던 사람들은 숨을 죽이고 그가 무슨 말을 하나 귀를 기울였다.

카너먼은 무작위를 보여줘도 사람들은 그게 무작위하다는 걸 믿지 않는다는 인지 편향을 먼저 언급했다. 밀러가 자신의 연구를 발표할 때마다 반복해서 듣던 말이었다. 예외 없이 뒤이어 뜨거운 손은 존재하지 않는다는 말이 따라 나오곤 했었다. 카너먼은 달랐다.

"나는 분명히 트버스키 등(의 논문)이 틀렸다고 생각해요. 그들의 (통계) 검정은 편향되었고, 뜨거운 손은 존재합니다. 그들이 실수했던 건 유감스러운 일이에요."

성공은 단순한 무작위가 아니다. 성공은 대개 시간상 무리를 지어 나타난다. 그건 끈적끈적하게 달라붙는 접착제와 같다. 윌리엄 셰익스피어가 걸작을 쓰던 시기는 몰려 있었다. 알버트 아인슈타인의 결정적인 논문 네 편은 1년 미만의 기간 동안 완성되었다. 농구에 있다고 증명된 뜨거운 손이 비즈니스에는 없다고 말할 수 있을까? 그건 말도 안 되는 얘기다.

제네럴모터스와 포드의
최상위 브랜드가 가진 공통점

제1차 세계 대전은 미국의 예상보다 빠른 1918년에 끝났다.

사실 미국이 참전을 결정한 이유는 흔히 얘기되듯이 여객선 루시타니아의 침몰 때문이 아니었다. 루시타니아는 미국 여객선이 아닌 영국 여객선이었다. 거기에 탔던 1,959명 중 1,199명이 죽고 사망자에 미국인 128명이 포함된 건 사실이었다. 하지만 루시타니아의 침몰은 1915년 5월에 일어났다. 즉 침몰과 참전 사이에는 직접적인 인과가 없었다.

미국이 급히 참전을 결정한 이유는 1917년 3월에 발생한 러시아 혁명이었다. 공산주의가 두려웠다기보다는 러시아가 독일과의 전쟁에서 떨어져 나간 탓이 컸다. 양면 전쟁을 용케 벌여 오던 독일이 군대를 서부 전선에 집중할 수 있다는 게 문제였다. 독일이 영국과 프랑스를 제압하면 미국의 은행 세력이 이들 국가에 빌려준 돈, 즉 국채가 한낱 휴지 조각이 될 터였다.

독일이 미국을 침공하라고 멕시코에 비밀 전보를 보냈다는 이른바 침머만 전보 사건[2]은 미국 내 참전 여론을 만들어내기 위해 언론에 누설된 거였다. 결과적으로 링컨이 실제로

---

2   독일 외무장관인 아르투르 침머만이 멕시코 주재 독일 대사에게 미국에 대항하는 동맹을 멕시코 정부에 제안하라고 명령한 전보를 미국이 해독하여 그 반감으로 미국이 세계 대전에 참전하게 되었다.

생산한 리버티는 원래 주문된 수량보다 적은 6,500대였다.

일감이 없어진 릴런드는 다른 대안이 없었다. 1920년 1월 릴런드는 링컨을 자동차 회사로 바꿨다. 항공기 엔진만 생산하던 공장에서 갑자기 자동차를 생산하는 건 쉽지 않았다. 릴런드의 명성 덕에 링컨의 차를 살 사람이 없지는 않았지만 차를 받을 때까지 기다려야 하는 시간이 너무 길었다.

링컨의 첫 번째 차는 1920년 9월에 생산되었다. 판매 가격이 패커드와 비슷했던 그건 최고급 자동차였다. 기계적으로는 견실했지만 여성용 모자를 만들던 사위가 디자인한 차의 내외관이 구식으로 평가되면서 판매는 신통치 않았다.

릴런드의 말년은 고행의 연속이었다. 돈이 떨어진 링컨은 이자를 갚지 못해 경매에 나왔다. 링컨의 설비 자산은 캐딜락을 제네럴모터스에 팔 때 가격의 세 배로 평가되었다. 그런데 링컨을 사겠다고 입찰한 회사가 단 하나뿐이었다. 바로 포드였다.

포드의 입찰액은 평가된 가치의 약 30퍼센트였다. 말하자면 값을 후려친 거였다. 법원은 직권으로 낙찰가를 입찰액 대비 60퍼센트를 올렸다. 그래 봐야 평가된 가치의 50퍼센트밖에 되지 않았다.

릴런드는 경매 결과에 크게 개의치 않았다. 이제부터 차만 잘 만들면 된다고 링컨 직원들을 다독였다. 순진한 생각이었다. 포드는 듀랜트가 아니었다. 듀랜트가 캐딜락의 경영에 간섭하지 않았던 것과 달리 포드는 릴런드 부자를 쫓아내고 링컨만 가질 마음이었다.

릴런드가 포드를 자른 건 아니지만 그럼에도 불구하고 헨리 포드 회사에서 쫓겨났다는 안 좋은 기억 때문이었다. 링컨이 포드에 팔린 지 넉 달 만에 릴런드 부자는 링컨을 떠났다. 포드의 최상위 브랜드가 된 링컨은 오늘날까지도 그 명성을 이어오고 있다.

제네럴모터스와 포드를 각각 대표하는 캐딜락과 링컨은 다른 면으로도 경쟁 구도를 형성해 왔다. 패커드를 탔던 하딩 다음다음 대통령인 허버트 후버는 캐딜락을 의전 차량으로 지정했다. 하지만 후버 다음 대통령인 프랭클린 루즈벨트는 의전 차량을 링컨으로 바꿨다.

로널드 레이건의 두 번째 차로 잠시 사용됐던 캐딜락은 빌 클린턴 대에 와서야 링컨을 밀어냈다. 그 이후로 현재까지 링컨은 캐딜락의 자리를 아직 뺏지 못하고 있다.

뜨거운 손은 분명 있지만 영원하지는 않다. 릴런드가 찾아낸 케터링은 듀랜트가 델코를 사들이면서 1918년 제네럴모터스의 일원이 되었다. 제네럴모터스의 통합 연구소를 이끌 적임자는 릴런드였지만 그는 이미 그만둔 뒤였다.

듀랜트는 1920년 신설된 제네럴모터스리서치라는 통합 연구소의 부사장으로 케터링을 골랐다. 케터링은 그 자리에 27년간 있었다. 그는 그러나 납을 섞은 휘발유를 1920년대부터 만들어 팔아 수많은 사람들이 납에 중독되도록 만들었다. 유해한 유연 휘발유가 금지된 건 1970년대에 들어서였다.

듀랜트는 1920년 12월에 또다시 제네럴모터스에서 쫓겨났다. 듀랜트가 1916년에 제너럴모터스로 돌아오면서 끌어들였던 이사회 의장 피에르 듀퐁이 그의 퇴출을 주선한 결과였다. 화약 회사로 시작된 듀퐁 창업주 일가의 4세인 피에르는 본인이 직접 제네럴모터스의 대표가 되었다. 듀랜트는 1920년대에 네 개의 자동차 브랜드를 가진 듀랜트모터스를 세워 다시 제네럴모터스에 도전했다. 그러다 주식 거래로 큰 돈을 날린 그는 1936년 파산했다.

유효 기간이 있는 건 물건도 마찬가지였다. 케터링보다 한 살이 어린 영국의 윌리엄 모리스는 서른다섯 살 때 모리스자동차를 세워 크게 키웠다. 그는 곁가지로 너필드기계

화항공이라는 비행기 엔진 회사도 갖고 있었다. 이 회사는 1938년부터 영국의 전차를 생산했다. 크루저라는 이름의 전차에 장착된 엔진이 바로 너필드가 면허 생산한 리버티였다.

너필드는 제2차 세계 대전 때 영국군이 사용한 일련의 순항전차를 이후 직접 개발했다. 크루세이더, 캐벌리어, 센토는 모두 너필드의 작품이었다. 이들 모두에 리버티가 사용되었음은 물론이었다.

1917년에는 강력했던 리버티도 세월의 무게를 영원히 견딜 수는 없었다. 영국의 순항전차들은 얇은 장갑에도 불구하고 그다지 빠르지 않은 기동력으로 일선 전차병들의 원성을 샀다. 영국 전차의 부족한 출력 문제는 롤스로이스가 개발한 엔진 미티어를 센토에 장착한 크롬웰이 등장한 후에야 해결되었다.

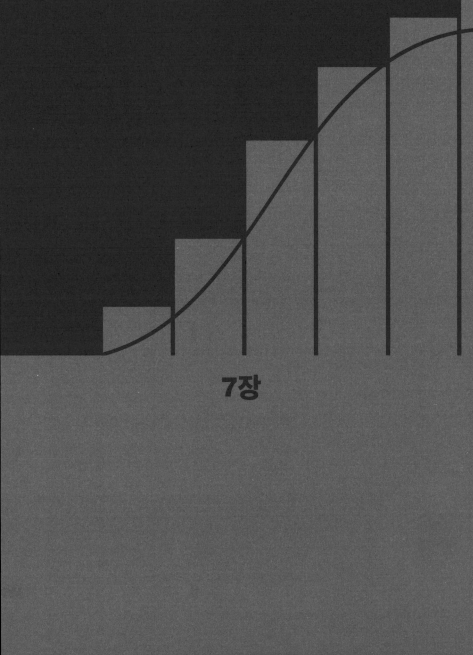

7장

증거를 얻어
확률을 갱신한다

파리에서 나고 자란 바이에른 소년과
아우크스부르크의 연

루돌프 디젤은 혼돈의 해에 태어났다. 그해 1월 파리에서는
죠아키노 로시니의 오페라 기욤 텔을 보러 가던 프랑스 황제
나폴레옹 3세를 죽이려는 시도가 있었다. 이탈리아의 독립을
꾀하던 펠리체 오르시니 일당이 던진 4발의 사제 폭탄은 정
작 엉뚱한 여덟 명을 죽이고 142명을 다치게 했다.

그래도 11일 뒤 화합의 행사도 열렸다. 영국 여왕 빅토리
아의 맏딸과 프로이센 왕 빌헬름 1세의 외아들 사이의 결혼

식이었다. 이때 연주된 펠릭스 멘델스존의 축혼 행진곡은 이후 결혼식의 단골 연주곡이 되었다.

디젤의 부모는 각각 바이에른의 아우크스부르크와 뉘른베르크 태생이었다. 아우크스부르크는 슈바벤의 중심 도시였다. 오늘날 서쪽의 뷔르템베르크까지 포괄하는 슈바벤 사람들은 검소하고 사업을 시도하며 근면하다는 이미지가 있었다. 다임러-벤츠, 포르쉐, 보쉬가 괜히 뷔르템베르크의 중심 도시 슈투트가르트에서 시작된 게 아니었다. 뉘른베르크도 정밀한 시계나 오토마톤, 즉 자동인형 등으로 유명했지만 다른 측면도 컸다.

단적으로 이 도시는 독일을 대표하는 미술가 알브레히트 뒤러와 카논을 작곡한 요한 파헬벨의 고향이었다. 음악 가정교사였던 디젤의 엄마는 디젤에게 예술을 음미할 귀와 눈을 주었다.

어렸을 적 디젤은 스스로를 바이에른 사람으로 여겼다. 하지만 그 이상으로 중요한 건 태어날 때부터 숨 쉬어온 파리의 공기였다. 파리 3구에 있던 디젤의 집은 곧 디젤 아빠의 가죽 공방이기도 했다. 슈바벤 사람답게 디젤의 아빠는 밤낮으로 일했지만 형편은 좀처럼 나아지지 않았다. 디젤의 아빠는 완벽한 프랑스어를 구사하는 디젤에게 외상값을 받으러 다니게 했다. 수줍고 섬세한 소년이었던 디젤은 그 일이 어렵고 괴로웠다.

아홉 살 때 디젤은 파리에 살지 않았다면 몰랐을 일을 경험했다. 두 번째로 열린 파리 세계 박람회였다. 나중에 에펠탑이 세워질 마르스 광장에서 열린 파리 세계 박람회는 전 세계의 문명과 기술 진보에 대한 낙관으로 충일한 행사였다.

파리 센강의 유람선 바토 무슈가 바로 이 행사에서 비롯되었다. 쥘 베른은 전기 전시관에서 영감을 얻어 2년 후 《해저 2만 리》를 썼다. 거기에 나오는 잠수함 노틸러스의 동력원이 바로 전기였다. 디젤은 스타인웨이 전시관도 맴돌았다. 미국의 피아노 회사를 만든 창업자는 폭스바겐이 있는 니더작센 태생이었다.

그러나 디젤의 눈을 가장 잡아 끈 건 따로 있었다. 니콜라우스 오토와 오이겐 랑엔이 함께 출품한 물건이었다. 그들의 엔진은 증기 기관과 확연히 구별되는 원리를 가졌다. 불이 쉽게 붙는 석유 가스를 연료로 쓰는 그건 물을 끓이는 부분이 없었다. 수직으로 세워진 실린더 내부에서 연료에 불을 붙이면 그 폭발력으로 피스톤을 밀어내는 일종의 내연 기관이었다. 무엇보다도 12퍼센트의 효율은 증기 기관의 두 배였다. 고틀립 다임러와 빌헬름 마이바흐가 일을 배운 곳이 바로 오토와 랑엔의 엔진 회사 도이츠였다.

디젤이 열두 살이 되던 해, 점점 불안정해지던 유럽의 공기에도 불이 붙었다. 오토 폰 비스마르크의 책략에 말려든 나폴레옹 3세가 아직 편이 없던 바이에른과 뷔르템베르크까지 적으로 돌리며 프로이센과 전쟁에 돌입한 때문이었다.

큰아버지와 닮은 점이라고는 이름 말고는 없었던 나폴레옹 3세가 전쟁에 패하는 데 오랜 시간이 걸리지는 않았다. 그는 전쟁을 선포한지 33일만에 프로이센군의 포로로 잡혔다. 다시 공화국이 된 프랑스는 항전 의지를 보였다. 그건 파리에 사는 바이에른 사람을 향해 졸지에 분출될지도 모르는 적개심이기도 했다.

신변에 위협을 느낀 디젤 가족은 급하게 런던으로 피난을 갔다. 아무 준비 없이 갑자기 하게 된 영국 생활은 끼니 해결조차 쉽지 않았다. 디젤 가족은 디젤의 두 살 위 누나가 외국어와 음악을 가르치고 받는 돈으로 생계를 겨우 꾸렸다. 당시 디젤의 눈에 들어온 건 석탄을 태워 생긴 매연과 자기 또래 아이들의 무자비한 공장 노동이었다. 그는 이때 자기 가족과

처지가 비슷한 장인과 노동자 계급의 형편을 바꿀 뭔가를 만들겠다는 결심을 했다.

무학의 극빈자로 전락하기 십상이었던 디젤에게 3개월 만에 동아줄이 내려왔다. 디젤 아빠의 사촌 여동생 부부가 디젤을 공부시키겠다고 구원의 손길을 건넨 거였다. 디젤보다 스물다섯 살이 많았던 크리스토프 바니켈은 아우크스부르크 왕립직업학교의 수학 교사였다. 그는 디젤의 학비를 직접 부담했다. 나중에 아내와 사별한 후 바니켈은 디젤의 여동생과 재혼했다.

독일어가 서툴렀음에도 디젤은 이내 재능을 드러냈다. 3년 과정의 왕립직업학교를 1등으로 마친 디젤은 부모의 반대를 무릅쓰고 2년 과정의 아우크스부르크 공업학교에 진학했다. 그 학교가 장학금을 주지 않았다면 벽에 부딪혔을 일이었다. 2년 후 아우크스부르크 공업학교를 학교 역사상 가장 높은 성적으로 마친 디젤은 다시 장학금을 받고 뮌헨기술대학교에 들어갔다. 5년 후 그는 또다시 뮌헨기술대학교 역사상 가장 높은 성적으로 졸업했다.

그 뒤 겉보기로 디젤의 삶은 탄탄대로였다. 먼저 그는 뮌헨기술대학교 교수였던 카를 린데가 세운 제빙기 회사의 엔지니어가 되었다. 린데는 파리의 마르스 광장 서쪽에 막 건설 중이던 공장에 디젤을 배치했다.

약 1년 후 디젤은 파리 공장의 디렉터가 되면서 처음 연봉의 네 배를 받게 되었다. 3년 후에는 독일 태생의 마르타 플라셰와 결혼도 했다.

하지만 디젤은 안온한 삶만으로는 만족할 수 없었다. 그는 런던에서 했던 결심을 늘 잊지 않았다. 결혼 직후부터 린데의 양해 아래 새로운 엔진 개발에 나섰다. 그가 처음에 시도한 건 수증기 대신 암모니아를 사용하는 증기 기관이었다. 7년을 들였지만 성공할 기미가 보이지 않자 디젤은 낙담에 빠졌다.

린데는 지친 디젤을 배려해 자기 회사의 베를린 공장에서 일하게 했다. 디젤의 아내는 귀국을 기뻐했지만 디젤은 베를린에 만연한 프로이센의 군국주의를 혐오했다. 그건 어렸을 때 자신의 빛나던 파리 생활을 망가트린 주범이었다.

디젤은 원점에서 다시 출발했다. 엔진 외부에서 연료를 태우는 증기 기관은 근본적인 혁신이 될 수 없었다. 오토의 엔진은 효율은 높았지만 불안정한 기체를 연료로 쓰기에 폭발할 위험이 있었다. 디젤은 안정한 액체, 즉 온갖 기름을 연료로 사용하는 엔진을 꿈꿨다. 그 비결은 실린더 안의 압력을 크게 높임으로써 점화 없이 연료를 태우는 거였다.

베를린에 간 지 2년 만에 디젤은 결국 린데의 회사를 그만두고 자신의 엔진 특허를 출원했다. 그로부터 1년 뒤인 1893년 마침내 새로운 엔진의 독일 특허권을 받았다.

이제 자신의 엔진이 실제로 작동한다는 걸 세상에 증명할 차례였다. 디젤은 아우크스부르크기계공장의 하인리히 버즈를 접촉했다. 버즈는 시험 제작 비용을 대는 대신 성공하고 나면 독일 내 독점 판매권을 달라고 했다. 대안이 없었던 디젤은 동의했다. '독일 산업계의 비스마르크'라는 별명을 가진 버즈는 독일의 철강왕 알프레드 크루프의 아들 프리드리히 알프레드도 끌어들였다. 디젤의 월급을 대면서 독일 독점 판매권을 아우크스부르크기계공장과 나누는 조건이었다.

1894년 디젤은 처음으로 엔진의 공개 시험에 나섰다. 그는 실린더 안의 압력을 44기압으로 계산했다. 휘발유에 불이 붙은 실제의 압력은 80기압에 달했다. 시험 제작된 디젤의 엔진은 압력을 견디지 못하고 속절없이 폭발했다. 이때 눈을 다친 디젤은 예전의 시력을 끝내 되찾지 못했다.

엔진 효율이 높으면서
아무 연료나 쓸 수 있다면?

디젤은 죽을 뻔했지만 점화 없이 연료를 압축시켜 태운다는 기본 원리 자체는 역설적으로 엔진의 폭발로 증명했다. 그는 휘발유보다 안정한 중유나 석탄 타르를 연료로 삼아 개발을 계속했다. 아직 세상에 나오지 않은 엔진의 이름도 고민했다. 델타, 엑셀시오르, 엑스칼리버를 거쳐 결국 선택된 이름은 아내 마르타의 제안대로였다. 바로 디젤 엔진이었다.

3년 뒤인 1897년, 디젤은 다시 공개 시험에 나섰다. 버즈는 물론이고 도이츠와 스코틀랜드의 기계 회사 멀리스의 엔지니어들도 시험을 참관했다. 특히 뮌헨기술대학교에서 디젤을 가르쳤던 모리츠 슈뢰터의 역할이 중요했다. 디젤은 슈뢰터에게 엔진 효율의 공식적인 계산을 요청했다. 슈뢰터가 구한 디젤 엔진의 효율 26.2퍼센트는 오토 엔진의 두 배가 넘었다.

개발 기간 동안 디젤의 주된 관심사는 엔진의 효율을 올리는 거였다. 그는 자기 엔진의 이론상 효율이 70퍼센트 이상이라고 생각했다. 효율이 높다는 건 곧 연료비를 그만큼 줄

일 수 있다는 의미였다. 그런데 결과적으로 디젤 엔진에 쓸 수 있는 연료는 값이 싼 액체 기름이었다. 쓸 데가 없어서 버리던 중유나 석탄 타르는 물론이고 식물을 짜서 얻는 기름도 연료로 쓸 수 있다는 얘기였다. 상온에서 불이 붙지 않는 이들 연료는 폭발의 위험도 없었다. 한마디로 일거양득이었다.

디젤은 자신의 특허를 나라 별로 파는 방식으로 비즈니스를 키우려 했다. 처음으로 협상한 회사는 공개 시험에 왔던 멀리스였다. 특허 사용료 협상이 지지부진하자 디젤과 멀리스는 디젤 엔진의 기술적 평가를 객관적인 제삼자에게 의뢰했다.

의뢰를 받은 사람은 열역학의 큰 별 윌리엄 톰슨이었다. 말년에 켈빈 남작에 봉해진 톰슨은 과학적 성과로 영국의 귀족이 된 최초의 인물이었다. 아이작 뉴턴도 기사에만 봉해졌을 뿐 귀족은 되지 못했다. 그의 실험실 근처를 흐르던 강의 이름이었던 켈빈은 이후 절대 온도의 단위 이름으로 선택되었다.

톰슨은 평가서에서 디젤이나 멀리스가 생각지 못했던 걸 지적했다. 점화 없이 압축으로 작동하는 디젤 엔진은 엔진 가동을 위한 준비 작업이나 시간이 필요 없다는 거였다. 실제로 증기 기관을 가동하려면 물을 끓이는 데만 꽤 오랜 시간이 걸리곤 했다. 직접 말하진 않았지만 톰슨의 머릿속에는 한 가지 적용 사례가 있었다. 그건 군함의 동력원이었다. 이를 눈치챈 멀리스는 영국 내 독점권의 대가로 상당한 현금과 매출의 25퍼센트를 디젤에게 주기로 계약했다. 하필이면 정확히 3개월 후 찰스 파슨스의 터비니아가 관함식장을 찢어발겼다.

그래도 디젤의 엔진을 원하는 곳은 줄지어 나타났다. 맥주 버드와이저를 만드는 아돌퍼스 부쉬는 미국과 캐나다 내 독점권을 샀다. 캅카스의 유전을 가진 브라노벨의 에마누엘 노벨은 러시아 내 독점권을 획득했다. 에마누엘은 다이너마이트를 개발한 알프레드 노벨의 둘째 형의 큰아들이었다.

디젤은 러시아 비즈니스를 위해 새로 세운 러시아디젤모터의 주식 20퍼센트와 현금을 받았다. 덴마크의 부르마이스터앤드바인B&W과 이탈리아의 피아트도 대열에 합류했다. 프랑스와 스웨덴에는 각각 디젤의 이름이 들어간 새로운 회사가 세워졌다.

디젤 엔진의 특허권 사용 계약에는 특이한 조항이 들어 있었다. 각각의 회사들이 디젤 엔진과 관련해 알게 된 개선 사항이나 파생 특허를 모든 다른 회사와 공유한다는 조건이었다. 1898년 디젤은 자신의 특허권과 특허 사용 계약을 모두 넘겨받아 관리하는 디젤엔진회사를 아우크스부르크에 세웠다. 그는 국제적으로 협력하는 엔지니어들의 네트워크를 희념했다.

기술과 비즈니스의 양 측면으로 디젤엔진회사는 계속 번창했다. 1900년 프랑스디젤은 땅콩에서 추출한 기름으로 작동하는 디젤 엔진을 파리 세계 박람회에 출품했다.[1] 세계 최초로 유조선을 운용했던 브라노벨은 1903년 디젤 엔진으로 항행하는 최초의 유조선 반달을 유조선단에 편입했다.

디젤 엔진이 민간에서 문제없이 사용된다면 군대가 사용하지 않을 이유가 없었다. 게다가 톰슨이 본 디젤 엔진의 군사적 장점은 다른 사람들에게도 명백했다. 그중 제일 먼저 손을 든 곳은 디젤이 나고 자란 프랑스였다. 1902년 프랑스 해군의 치프 엔지니어 막심 로베프는 디젤을 만난 후 디젤 엔진의 가장 적합한 사용처로 잠수함을 지목했다.

세계 최초로 수중에서 어뢰를 발사한 잠수함은 스웨덴의 토르스텐 노르덴펠트가 1886년에 만든 압될하미드였다. 튀

---

1 이 행사의 41개 참가국 중에는 현존하는 세계 최초의 금속활자본, 직지심체요절을 전시한 대한제국도 있었다.

르키예 해군 소속의 압뒬하미드는 그러나 잠항 시간이 최대 수 분에 그쳤다. 석탄을 때는 증기 기관으로는 그게 최대였다. 한편 막 개발되기 시작한 오토 엔진은 출력도 부족하고 폭발 위험도 무시할 수 없었다.

달리 말해 장시간 잠항이 가능하고 안전한 동력원은 디젤 엔진이 유일했다. 디젤 엔진으로 항행하는 프랑스 해군의 잠수함 Z, Y, 에그레트, 시고뉴는 1904년부터 차례로 취역했다.

아무리 프랑스가 디젤의 마음의 고향이어도 군대는 결국 군대였다. 1903년 프랑스 해군은 프랑스디젤이 자군 잠수함의 디젤 엔진 도면을 디젤엔진회사와 공유하지 못하게 막았다. 이는 프랑스디젤이 디젤과 맺은 계약의 전면적 위반이었다.

그사이 잠수함보다 더 큰 출력이 필요한 수상함에도 디젤 엔진이 장착되기 시작했다. 유조선에 디젤 엔진을 단 경험이 많은 브라노벨이 이에 앞장섰다. 특히 1907년 브라노벨은 엔진 회전 방향을 반대로 뒤집을 수 있는 디젤 엔진을 개발했다. 이는 카스피해의 해적을 잡기 위한 러시아 해군의 600톤급 포함 카르스와 아르다간에 장착되었다.

그렇지 않아도 러시아 해군은 거의 백지 상태에서 새롭게 함대를 건설해야 할 처지였다. 1905년 러시아 발트 함대는

지구를 반 바퀴 돌아 도달한 쓰시마 해협에서 일본 연합 함대와 대결했다. 결과는 29척 중 21척이 격침되고 5척이 나포된 러시아 발트 함대의 궤멸이었다. 디젤 엔진의 앞선 성능을 확인한 러시아 해군은 브라노벨에 대량의 디젤 엔진을 주문했다. 이는 곧 디젤의 특허 수익이 더 늘어난다는 의미였다.

다른 이유로 독일 황제와 미국 석유왕의
미움을 산 세계 시민

1907년 디젤의 특허가 만료되었다. 즉 이때부터는 기본적인 디젤 엔진을 맘대로 만들어 팔아도 문제가 되지 않았다. 그동안 디젤의 가장 큰 후원자였던 아우크스부르크기계공장은 뉘른베르크기계공장과 합병해 이름이 엠아엔MAN으로 바뀌어 있었다. 엠아엔은 디젤과 새로 계약 맺기를 원했다. 독일과 오스트리아의 독점 판매권이 아닌 전 세계 독점 판매권을 달라는 거였다.

엠아엔이 그렇게 요구한 데에는 두 가지 배경이 있었다.

하나는 상업적 이유였다. 독일 내 디젤 엔진의 판매는 외려 다른 나라보다 못했다. 디젤이 독일 국민이고 엠아엔이 독일 회사인 걸 생각하면 아이러니한 일이었다. 여기에는 오토, 벤츠, 다임러, 마이바흐 등이 디젤과 마찬가지로 독일 국민이라는 게 컸다.

가스 엔진의 발상지로서 독일은 디젤 엔진을 경쟁하는 여러 후보 중 하나 정도로만 봤다. 자동차 관점에서도 디젤 엔진은 너무 무겁고 큰 물건이었다. 그런 면으로는 오스트리아-헝가리 국민인 페르디난트 포르쉐가 야콥 로너와 함께 개발해 1900년 파리 국제 박람회에 출품했던 전기 자동차 쪽이 더 현실적이었다.

다른 배경은 정치적 이유였다. 엠아엔은 독일 황제 빌헬름 2세가 디젤 엔진의 통제를 원한다는 걸 알았다. 디젤보다 한 살 어렸던 빌헬름 2세는 사실 처음에는 디젤 엔진에 아무런 관심이 없었다. 하지만 그가 디젤 엔진에 관심을 갖게 된 계기가 생겼다.

그러려면 먼저 빌헬름 2세가 가지고 있던 영국에 대한 반발심을 이해할 필요가 있다. 빌헴름 2세의 부모는 바로 빌헬름 1세의 외아들과 빅토리아 여왕의 맏딸이었다. 혈연의 관점으로 보자면 영국은 독일이 가장 의지할 수 있는 나라여야 했다. 난산으로 태어난 빌헬름 2세는 그 결과 왼팔의 길이가 오른팔보다 15센티미터 짧은 장애가 있었다. 그는 어렸을 때부터 엄격하게 영국식 가치를 주입하려 했던 엄마를 미워했다. 심지어 아빠인 프레데릭 3세가 1888년 황제가 된 지 99일 만에 후두암으로 죽은 것도 엄마가 불러온 영국 의사 탓이라고 생각했다. 여기에 비스마르크가 심어 놓은 '으뜸 독일' 정신 때문에 영국에 지지 않겠다는 왜곡된 생각을 가지게 되었다.

파슨스가 터비니아로 묘기를 선보인 1897년 외할머니 빅토리아 여왕의 관함식에 빌헬름 2세도 참석했었다. 육군은 러시아와 함께 유럽 제일일지언정 그가 관함식에 끌고 온 독일의 해군은 민망한 수준이었다.

돛대가 있는 목재함에 철판을 덧붙인 장갑함이 주력인데다가 그 수도 13척밖에 되지 않았다. 또한 최신의 이른바 1급 전함도 네 척이 전부였다. 이는 프랑스, 이탈리아, 러시아의 열 척보다도 적은 수였다. 심지어 변방의 미국조차도 여섯 척이 있었다.

빌헬름 2세는 해군에서 영국을 따라잡는다는 야심을 가졌다. 자신의 멘토였던 비스마르크가 독일을 망가트릴 거라

고 확신했던 방안이었다. 그는 비스마르크를 내치고 알프레
트 티르피츠의 생각대로 전함과 순양전함이 주력인 함대를
키우기 시작했다. 영국은 '쟤, 왜 저래?' 하는 심정으로 독일
을 바라봤다. 1880년대 이래로 영국은 2위와 3위의 해군국이
힘을 합친 전력을 능가하는 함대를 유지한다는 방침을 가지
고 있었다. 그래야 해외의 식민지를 유지할 수 있다고 본 때
문이었다. 독일이 전함 건조에 1을 쓰면 영국은 2를 쓰겠다
고 공언했다.

결국 빌헬름 2세는 못 이기는 척 전함 건조 경쟁을 중단
했다. 영국의 목을 조를 다른 방안이 생긴 덕분이었다. 바로
디젤 엔진을 장착한 유보트, 즉 디젤 잠수함이었다. 도이츠,
벤츠, 다임러, 크루프 같은 회사들이 빌헬름 2세의 명령에 따
라 일제히 잠수함용 디젤 엔진 생산에 나섰다. 물론 그중 가
장 앞서 있는 회사가 엠아엔이었다.

빌헬름 2세의 기대와는 달리 디젤은 엠아엔과의 계약을
거부했다. 나아가 디젤은 연료를 분사하는 새로운 특허를 준
비 중이라고 선언했다. 디젤은 그게 뭔지 보여 달라는 엠아엔
의 요구도 거부했다. 엠아엔은 디젤을 상대로 민사소송을 제
기했다. 1909년 엠아엔은 재판에 졌다.

디젤은 1908년 부쉬와 스위스의 술처와 함께 미국디젤을 다시 세우려 했다. 아우크스부르크의 디젤엔진은 이를 막으려 3년간 소송했지만 실패했다. 디젤엔진은 1911년 청산되었다.

황제의 말을 듣지 않는 괘씸한 독일 신민에게는 다른 적도 있었다. 바로 미국의 석유왕 존 록펠러였다. 빌헬름 2세보다 스무 살이 많은 록펠러는 자기 제국의 유지를 위해서라면 황제 이상으로 무슨 짓이든 할 사람이었다.

록펠러의 아빠는 두 집 살림을 하는 떠돌이 약장수 사기꾼이었다. 어려서부터 가족의 생계를 책임진 록펠러는 철도업자들과 결탁하여 경쟁자들을 궁지에 몰아넣는 약탈적 방식으로 스탠더드오일을 키웠다. "회사를 내놓든가 아니면 망하든가."의 협박은 심지어 친동생도 예외가 아니었다. 록펠러는 법의 수호자를 자처하며 사적 폭력과 테러를 일삼던 경비업체 핑커톤의 주요 고객이었다.

석유 산업의 가치 사슬을 수직 통합해 독점을 이룬 록펠러의 핵심 상품은 바로 케로신, 즉 등유였다. 등유는 글자 그대로 19세기에 조명용으로 사용되던 원유 산출물이었다. 19세기 후반 록펠러는 예사롭지 않은 상대를 만났다. 전구를 상용화하는 데 성공한 토마스 에디슨이었다. 정치인에게 뇌물을 먹였음에도 1902년까지 미국 전역의 전구 수는 1,800만까지 늘었다. 록펠러 제국의 전망은 암울하기만 했다.

그때 록펠러에게도 동아줄이 하나 내려올락 말락 했다. 벤츠의 엔진과 다임러-마이바흐의 엔진은 모두 리그로인을 연료로 썼다. 석유 에테르 혹은 벤젠이라고도 불리는 리그로인은 원유를 정제해 얻을 수 있는 물질로 휘발유와 크게 다르지 않았다. 즉 휘발유 엔진을 단 자동차가 널리 퍼지면 스탠더드오일은 새로운 전환점을 맞이할 참이었다.

에디슨은 여기서도 골칫덩어리였다. 그는 전기 자동차에 사용되는 배터리를 만들었다. 심지어 에디슨은 한때 자기 회사 직원이었던 포드도 끌어들였다. 에디슨-포드라고 이름 지어진 그들의 시제 전기 자동차는 에디슨의 공장에 기이한 화재가 나면서 불타버렸다. 이후 포드는 에디슨과의 협업을 중단했다.

의도했든 우연이든 전기차라는 경쟁자가 힘이 빠질 무렵 휘발유에 목을 매야 하는 록펠러에게 디젤은 목에 걸린 가시 같은 존재였다. 물론 디젤 엔진의 연료인 중유는 휘발유와 마찬가지로 원유의 산출물이었다. 거기서 그치면 좋으련만 디젤은 공개적으로 자신의 엔진이 석탄 타르나 심지어 식물성 기름으로도 얼마든지 잘 작동된다고 얘기하고 다녔다. 디젤이 명확히 인식했듯이 그건 일부 나라에서만 나는 원유에 의존하지 않아도 된다는 얘기였다.

영국행 항해 중
북해에서 홀연히 사라진 루돌프 디젤

무슨 이유에서건 황제의 눈 밖에 나는 건 좋은 생각이 아니었다. 버즈와 함께 디젤의 초기 개발 비용을 댄 크루프는 1896년 게르마니아 조선소를 인수했다. 대포를 만들기는 했지만 철강 생산이 주력이었던 아빠와 달리 아들 크루프는 다수의 전함을 건조해 누구보다도 열렬히 빌헬름 2세의 대양 해군 건설에 조력했다.

1902년, 크루프는 이탈리아의 카프리섬에서 경찰에 체포되었다가 풀려났다. 이탈리아 소년들과 성적으로 문란한 행위를 벌인 혐의였다. 추문은 쉽게 가라앉지 않았다. 남편의 행위에 격분한 크루프의 아내는 빌헬름 2세를 찾아가 남편을 처벌해 달라고 요청했다. 빌헬름 2세는 거꾸로 크루프의 아내를 정신병원에 가뒀다. 두 달이 지나지 않아 크루프는 자기 방에서 시체로 발견되었다. 물론 공식적으로는 자살로 처리되었다.

디젤은 자신에게 닥칠지 모르는 위험을 개의치 않는 듯했다. 1910년 그는 소형 디젤 엔진을 브뤼셀 국제 박람회에 출품했다. 5마력의 출력을 가진 소형 디젤 엔진의 명백한 목표는 바로 자동차였다.

이때는 케터링이 전기 시동 장치를 만들기 1년 전이었다. 이게 상용화된다면 휘발유 엔진으로 된 자동차와 전기 자동차의 장점만 합쳐 놓은 자동차가 나올 터였다.

세계 시민으로서 디젤의 관심은 영국에도 닿았다. 제일 먼저 디젤의 특허를 샀던 멀리스는 막상 그걸로 거의 비즈니스를 하지 못했다. 가장 큰 이유는 무엇보다도 정확히 같은 시점에 등장한 파슨스의 증기 터빈 때문이었다. 프랑스 해군이 디젤 잠수함을 성공시키자 영국 해군은 다시 멀리스를 찾았다.

1906년에 취역한 영국 전함 드레드노트에는 사실 세 종류의 엔진이 있었다. 증기 터빈과 증기 기관, 그리고 멀리스가 생산한 디젤 엔진이었다. 증기 터빈은 스크루 프로펠러를 돌리고 증기 기관과 디젤 엔진은 발전기를 돌렸다. 즉 주 동력원은 아니지만 영국은 디젤 엔진을 수상함에 최초로 장착한 나라였다. 이 과정에서 디젤은 네 살 위의 파슨스와 절친한 사이가 되었다.

디젤의 행보는 거침이 없었다. 1912년 3월, 디젤은 벨기에에서 디젤 엔진을 만들던 조르주 카렐과 함께 영국에 통합 디젤 엔진 회사를 세웠다. 이는 디젤 엔진을 단 바다의 늑대 떼를 한창 키우던 빌헬름 2세의 이마를 찡그리게 만들 행위였다.

곧이어 디젤은 부쉬의 초청으로 미국을 한 달 넘게 방문했다. 네 번의 공식 강연 장소 중에는 애너폴리스에 위치한 미국 해군사관학교도 있었다. 부쉬가 잡은 일정이 보름만 뒤였어도 디젤 부부는 최초 항해에 나서는 타이타닉을 탈 뻔했다.

미국에서 디젤의 인기는 높았다. 미국에서 이루고 싶은 야망을 기자가 묻자 디젤은 "버터로 달리는, 내가 만든 기차를 타고 뉴욕에서 세인트루이스까지 가는 거"라고 답했다. 이는 록펠러가 극히 노여워할 말이었다. 헨리 포드와 펜실베이니아철도는 디젤을 컨설턴트로 모시고 싶다고 구애했다.

드디어 디젤 엔진에 눈을 뜬 미국 해군은 1913년 여름, 스물여덟 살의 잠수함 부대 소속 대위를 엠아엔에 보냈다. 공장을 견학하던 대위는 디젤 엔진에 왼손이 끼어 넷째 손가락 일부를 잃었다. 그의 해군사관학교 졸업반지가 없었다면 목숨을 잃었을지도 모를 일이었다.

부쉬는 군대 월급의 일곱 배를 약속하며 그를 미국디젤에 데려오려 했지만 실패했다. 그가 바로 제2차 세계 대전 때 미국 태평양함대를 지휘한 체스터 니미츠였다. 나중에 하이먼 리코버가 원자력 추진 잠수함 노틸러스의 개발을 시작할 수 있었던 데에는 상관인 니미츠의 공이 지대했다.

1913년 가을, 디젤의 여느 때처럼 분주했다. 9월 27일에는 벨기에에서 카렐을 만나 헨트에서 열리던 국제 박람회에 참석하고, 9월 30일엔 영국 왕립 자동차 클럽을 상대로 런던에서 강연하고, 10월 1일에는 영국 입스위치에서 통합 디젤 엔진의 출범식을 가진 후 파슨스의 집에서 만찬을 가질 계획이었다. 벨기에로 떠나기 전날 디젤은 가죽 가방을 사와 꼼꼼히 포장했다. 그는 그걸 아내에게 선물로 주면서 다음 주까지 절대로 풀어보지 말라고 단단히 일렀다.

1913년 9월 29일 오후, 디젤은 카렐과 카렐의 치프 엔지니어 알프레드 로크먼을 호텔 로비에서 만났다. 느긋하게 커피를 마신 세 명은 약 2킬로미터 떨어진 헨트의 독까지 걸어갔다. 영국 여객선 드레스덴에 탑승한 시각은 오후 5시 30분이었다. 그들은 각자 자기 객실에서 쉬다가 배의 레스토랑에서 저녁을 같이 먹었다. 식사 후 갑판을 산책한 뒤 다음 날 아침 식사를 같이 하기로 약속하고 밤 10시에 각자의 객실로 돌아갔다.

9월 30일 아침, 디젤이 식사 시간에 늦자 카렐이 디젤의 객실을 찾아갔다. 디젤의 객실은 비어 있었다. 침대를 사용한 기색은 없었다. 짐을 푼 흔적도 보이지 않았다. 즉 디젤은 홀연히 사라졌다. 카렐은 즉시 드레스덴의 선장을 찾아가 디젤의 실종을 알렸다. 선장은 즉시 배를 멈추고 배의 곳곳을 샅샅이 뒤졌다. 디젤은 어디에서도 발견되지 않았다. 다만 후갑판의 난간 아래에서 가지런히 개어진 외투와 모자가 발견되었다. 카렐은 그게 디젤에 입고 쓰던 거라는 걸 확인했다. 드레스덴은 원래 예정시각보다 한 시간 늦게 영국 하위치에 입항했다.

10월 1일, 영국 정부는 하위치의 독일 부영사에게 디젤의 실종을 알렸다. 독일 정부는 즉시 조사단을 하위치에 파견했다. 그들도 드레스덴의 어디에서도 디젤의 흔적을 찾을 수 없었다. 다만 디젤 객실의 책상 위에 펼쳐져 있던 공책에 1913년 9월 29일이라는 날짜와 함께 십자가가 그려져 있음을 확인했다. 게다가 디젤의 실종 추정 지점이 공해상이라 어느 나라도 조사 권한이 없었다. 디젤의 실종 소식을 들은 디젤의 아내는 남편이 주고 간 가방을 열었다. 거기에는 2만 마르크, 즉 약 600만 원의 현금이 들어 있었다.

10월 12일, 뉴욕타임스에 디젤이 투자에 실패해 큰 빚을 지고 있다는 기사가 나왔다. 마침내 다음 날인 10월 13일, 점차 높아가는 사람들의 의심을 확인해 주는 최후의 한 방이 나타났다. 뉴욕트리뷴은 10월 11일에 네덜란드 여객선 코어첸의 선원들이 북해로 이어지는 스켈더강의 어귀에서 남자 시체 한 구를 건졌다고 보도했다. 선원들은 귀중품을 회수했지만 악천후에다가 부패가 심해서 시체를 다시 버릴 수밖에 없었다고 했다.

선원들이 회수한 귀중품은 법랑이 입혀진 약통, 동전 지갑, 안경집, 주머니칼의 네 가지였다. 모두 고가의 물건들이었다. 코어첸의 다음 기항지인 블리싱건으로 급하게 불려 온 디젤의 막내아들 오이겐은 모든 게 디젤이 쓰던 물건이라는 걸 확인했다. 이제 디젤이 자살했다는 건 공식적인 판단이 되었다.

10월 14일, 뉴욕타임스는 다시 디젤에 관한 기사를 실었다. "디젤은 파산 상태였다; 그는 4억 5,000만 원을 빚지고, 유형자산은 고작 1,200만 원이었다"가 그 기사의 제목이었다. 이로써 왜 디젤이 아내에게 약간의 현금이 담긴 가방을 남겼는지도 분명해졌다. 그렇게 빌헬름 2세와 록펠러가 눈시어 하던 디젤은 사라지고 말았다.

"사실들이 달라지면 난 생각을 바꾸죠, 선생님은요?"

잠깐 숨을 돌리고 아래 상황을 상상해 보기 바란다.

당신은 낯선 중국의 카지노에 갔다. 거기서 하는 도박을 보니 단순하기 그지없다. 왜 영국 2파운드 동전을 쓰는지는 모르겠지만 아무튼 그 앞뒤를 맞히면 돈을 딴다.

가벼운 마음으로 일단 앞면에 돈을 걸었는데 뒷면이 나왔다. '50퍼센트의 확률이 도와주지 않는군' 하고 생각하며 잃은 돈까지 되찾을 생각에 다시 앞면에 두 배의 돈을 건다. 젠장, 이번에도 뒷면이 나온다. 오기가 생기면서 다시 판돈을 두 배로 올리고 앞면에 건다. 아뿔싸, 그렇게 두 번을 더 했지만 모조리 뒷면이 나왔다.

이미 잃은 돈이 처음 건 돈의 15배다. 그러고 보니 중국 카지노에서 영국 동전을 쓰는 것도 수상쩍다. 찾아보니 구리-니켈 합금의 원반 외경을 니켈-황동 합금으로 둘러싼 이 동전은 이미 2015년에 제작이 중단된 물건이다. 뭔가 이상하다는 생각에 씩씩거리고 있는데 통계학을 배운 친구가 권위 있는 표정으로 말한다.

"동전의 뒷면이 나올 확률은 50퍼센트니까, 지금처럼 뒷면이 네 번 연속 나올 확률은 0.5의 네제곱인 0.0625야. 그걸 p-값이라고 부르는데 통상의 유의수준 0.05보다 크거든. 그러니까 이상할 게 없어. 좀 드문 일이기는 하지만 20번에 한 번쯤은 나올 수 있는 거야. 어쨌든 이번에 네가 앞면에 걸든 뒷면에 걸든 돈을 딸 확률은 여전히 50퍼센트로 같아."

이 정도 일로 친구와 절교할 필요는 없다. 하지만 위의 도박을 사업으로 바꿔 놓고 생각한다면 적어도 위와 같은 조언을 하는 임원은 다른 역할을 찾아줄 필요가 있다.

이론상 위 친구의 이야기에는 아무런 모순이 없다. 문제는 실제 동전의 확률이 얼마인지 모른다는 데에 있다. '당연히 50퍼센트 아니냐?' 하고 생각하기 쉽지만 이는 사실 단순하고 이상화된 게임과 같은 상황에서만 성립되는 이야기다. 쉽게 말해 카지노가 조작된 동전을 사용하지 말란 법이 없다. 물론 현실의 비즈니스는 이상화된 동전 던지기와 다르다. 3장에 나왔던 프랭크 나이트의 불확실성을 생각하면 답은 빤하다.

심지어 실제의 동전도 50퍼센트 확률을 가지지는 않는다. 스탠퍼드대학교의 퍼시 디아코니스는 물리학에 근거해 던질 때 위를 향했던 면이 나올 확률이 51퍼센트라는 논문을 2007년에 냈다. 그의 계산은 2023년 암스테르담 대학교 연구진의 35만 757번의 실험을 통해 확인되었다. 윗면이 모두 17만 8,078번 나와 그 빈도율은 50.8퍼센트였다. 또한 던지는 방식의 차이 때문에 사람에 따라 빈도율은 60.1퍼센트에서 48.7퍼센트까지 다양했다. 쉽게 말해 우리는 막상 우리가 던지는 동전의 윗면이 나올 확률이 얼마인지 확신하기 어렵다.

위 상황을 좀 더 정리하면 이렇다. 통계학을 배운 친구가 한 얘기는 "모든 동전에서 앞면과 뒷면이 나올 확률은 50퍼센트로 서로 같다"는 세계관이 있을 때, 뒷면이 연달아 네 번 나온다는 데이터를 다루는 쪽이다. 반면 비즈니스에서 중요한 건 뒷면이 연달아 네 번 나온 데이터가 있을 때, '이게 진짜 2파운드 동전이 아니고 위조된 구린 동전일 확률은 얼마나 되나?' 하는 세계관을 만들어 가는 쪽이다.

헤르만 헬름홀츠는 물리학을 공부하고 싶었지만 부모의 뜻을 거스르지 못해 의사가 된 사람이었다. 그는 해부학 및 생리학 교수가 된 후에도 독학으로 물리학 공부를 병행해 나갔다. 시각과 청각의 인지에 대한 권위자인 헬름홀츠는 음향학에도 조예가 깊었다. 그는 쉰 살 때인 1871년 베를린 훔볼트 대학교로 옮기면서 아예 물리학 교수가 되었다.

1860년대에 헬름홀츠는 지각을 통해 얻은 정보를 인간의 뇌가 확률 모델로써 정리한다는 이론을 제안했다. 이러한 헬름홀츠의 이론은 1995년 피터 다얀과 제프리 힌튼 등의 '헬름홀츠 기계'라는 논문을 통해 기계학습의 기본 알고리즘으로 부활했다. 쉽게 말해, 추가되는 정보에 맞춰 확률을 바꾸어 나가는 게 지능의 기본적 방식이라는 거였다.

새롭게 얻은 데이터나 증거에 따라 확률을 바꾸는 건 결코 어렵지 않다. 데이비드 흄보다 열 살이 많고 또 흄의 에딘버러대학교의 선배기도 한 토머스 베이즈 덕분이다. 흄은 그리스도교의 기적에 대한 기록을 신이 존재한다는 증거로 보기 어렵다고 주장했다. 장로교 목사였던 베이즈는 흄의 주장을 반론하려고 확률 법칙을 만들었다. 자신의 이름을 딴 수학 변환으로 유명한 피에르시몽 라플라스는 이후 19세기 초에 베이즈의 확률 법칙을 확립했다. 새로운 증거가 얻어지면 그걸 가지고 확률을 쉽게 갱신할 수 있다.

실제로 바뀌는 확률을 어떻게 구하는지 한 번 계산해 보겠다. 먼저 동전이 공정하든가 아니면 뒷면만 나오는 조작된 동전의 두 가지 시나리오를 가정한다. 두 시나리오 중 어느 쪽이 더 옳다고 간주할 근거가 없으므로 각각의 확률을 우선 50퍼센트로 놓는다. 다음은 이른바 가능도likelihood를 계산할 차례다. 가능도는 각각의 시나리오에서 뒷면이 연달아 네 번 나올 확률로 정의된다. 공정한 동전이라면 그 확률은 앞에서 친구가 계산한 것처럼 6.25퍼센트다. 반면 위조된 동전이라면 뒷면이 연달아 네 번 나올 확률은 100퍼센트다.

이제 각 시나리오의 처음 확률 50퍼센트에 각자의 가능도를 곱하면 각각 0.03125와 0.5의 값이 나온다. 뒷면이 네 번 연속 나오는 사건의 전체 집합은 두 시나리오 외에는 없다고 처음에 정해놓았다. 그러므로 0.03125와 0.5를 더한 0.53125로 0.03125와 0.5를 나누어 주면 증거에 따라 갱신된 확률을 얻을 수 있다. 즉 동전이 조작됐을 확률은 처음에 가정한 50퍼센트에서 0.5를 0.53125로 나눈 값, 즉 94.1퍼센트로 크게 커졌다.

현실의 카지노가 동전을 조작할 가능성이 처음부터 50퍼센트는 아닐 수 있다. 이를 감안해 공정한 동전과 조작된 동전의 확률을 각각 90퍼센트와 10퍼센트로 놓고 위 계산을 반복해 보겠다. 가능도는 아까와 같다. 가능도를 처음 확률과 곱하면 각각 0.05625와 0.1이다. 이들 각각을 둘을 더한 값으로 나누면 갱신된 확률인 36퍼센트와 64퍼센트가 나온다. 즉 처음에 10퍼센트던 조작된 동전의 확률이 64퍼센트로 확 올라갔다. 즉 현실에서라면 네 번까지 계속 판돈을 키우지 않고 두세 번쯤 험한 꼴을 본 뒤 더 이상의 도박을 삼갔을 터다.

존 메이너드 케인스는 어쩌면 가장 유명한 경제학자다. 온갖 투기에 통달했고 마흔두 살에 러시아의 스타 발레리나와 결혼한 그는 복합적인 인물이었다. 그가 쉰세 살 때 쓴 책

《고용, 이자, 화폐의 일반이론》에는 "야성적 충동이 경제를 좌우하는 결정적인 요소"고 "주식 시장이란 미인 대회와 다름없다"는 말이 나온다.

상대적으로 덜 알려졌지만 케인스는 그보다 15년 전인 1921년에 의외의 책을 하나 냈다. 책 제목이 《확률론》이었다. 1921년은 3장에 나왔던 프랭크 나이트가 불확실성에 대한 책을 출간한 해기도 했다. 케인스가 《확률론》을 쓴 가장 큰 이유는 바로 위에서 보인 확률의 갱신을 설명하기 위해서였다. 케인스에게 확률이란 고정된 값이 아니라 증거에 따라 바뀌어야 하는 거였다. 그는 한 인터뷰에서 다음처럼 말했다.

"사실들이 달라지면 난 생각을 바꾸죠. 당신은 어떻게 하시는데요, 선생님?"

비커스는 어떻게 갑자기
잠수함 엔진 생산에 성공했을까?

디젤의 실종을 설명할 수 있는 가능성은 크게 세 가지였다. 첫

째, 암살, 둘째, 실족, 셋째, 자살이었다. 셋 중 가장 가능성이 높은 건 암살이었다. 디젤을 탐탁지 않아 했던 빌헬름 2세와 록펠러의 권력을 생각하면 암살이 불가능한 일은 아니었다.

조금 더 자세히 들여다보면 그렇지 만도 않았다. 빌헬름 2세가 디젤을 없애고자 했다면 그가 독일에 있었을 때 하는 편이 훨씬 수월했을 터였다. 암살을 벨기에에서 영국으로 가는 영국 국적의 배에서 한다는 건 무리한 작전이었다.

또한 크루프처럼 제국의 꼭두각시가 되기를 거부했다고 해도 디젤이 엠아엔의 유보트용 디젤 엔진 개발과 무관한 건 아니었다. 또 디젤의 사위인 아놀드 슈미트는 아들러라는 회사의 자동차용 디젤 엔진 개발 책임자였다.

록펠러가 디젤을 해했을 가능성은 더 낮았다. 등유의 전망이 밝지 않다고 해도 여전히 스탠더드오일은 돈을 벌고 있었다. 휘발유의 판매량이 등유를 앞지른 건 1916년이 되어서였다. 또 디젤의 비전이 석탄 타르나 식물성 기름에 있다고 해도 중유 또한 록펠러가 정제해 팔 수 있는 물질이었다. 디젤 엔진이 널리 확산된다면 적어도 미국에서는 스탠더드오일이 중유를 팔아 돈을 더 벌 수 있었다.

실족의 가능성은 비현실적이었다. 카렐은 디젤이 샴페인

을 마셨지만 9월 29일 밤 10시에 갑판에서 헤어질 때 그렇게 취한 건 아니라고 말했다. 다만 그에게 불면증이 조금 있어서 자기와 헤어진 후 산책을 더 하다가 변을 당한 것 같다고 증언했다. 그렇지만 드레스덴 후갑판의 난간 높이는 약 1.4미터였다. 또 당일의 바다는 잠잠했다. 게다가 외투와 모자를 벗어 가지런히 개어놓고 발을 헛디뎌 배에서 떨어졌다는 건 말이 안 됐다.

자살은 물리적으로는 가능했다. 1.4미터 높이의 난간도 기어 올라가서 바다로 떨어지려고 하면 극복 못할 장애물은 아니었다. 그러나 카렐은 디젤이 자살할 사람은 아니라고 처음에는 선을 그었다. 백만장자가 되었고 세상을 바꾼 혁신가로 칭송되던 그가 자살한다는 건 앞뒤가 맞지 않았다. 또 디젤 부부는 금슬이 좋았다. 10월 2일, 디젤의 사위 슈미트는 인터뷰에서 자살은 "전적으로 근거가 없다"고 말했다.

디젤의 자살이 공인된 일련의 사건은 그로부터 10일 뒤인 10월 12일부터 일어났다. 10월 12일에 디젤이 큰 빚을 지고 있었다는 기사가 나왔고, 다음 날 그의 소지품을 품은 시체가 발견되었으며, 그다음 날 디젤의 빚이 유형자산의 거의 40배에 달한다는 기사가 나왔다. 그래도 디젤과 각별한 사이였던 디젤의 막내아들 오이겐이 시체에서 나온 물건들을 디젤 거라고 확인한 건 틀림없는 사실이었다.

사실 이게 전부는 아니었다. 10월 1일, 신문사 버밍엄프레스 앤드 리더는 "뮌헨의 디젤 가족에게 디젤이 현재 런던에 있다는 전보가 전해졌다"는 짤막한 기사를 실었다. 10월 2일, 세계 최대의 통신사 어소시에이티드 프레스AP는 "디젤이 배를 타지 않았다고 선원들이 말했다"는 기사를 냈다. 한 선원은 그가 "5시 반에 배에 올랐다가 7시 반에 출항한다는 걸 알고 내린 후 다시 나타나지 않았다"고 말했다. 그는 드레스덴의 객실 승무원이 관리하는 승객 명단에 디젤이 없었다는 구체적인 증거까지 내놓았다. 나아가 카렐과 로크먼 외에 드레스덴의 선장을 포함해서 배에서 디젤을 봤다고 증언하는 사람은 아무도 없었다.

사실 앞에서 열거하지 않은 가능성이 하나 더 있었다. 바로 디젤이 영국 정부의 도움을 얻어 영국으로 비밀리에 이주했을 가능성이었다. 1913년 영국 해군에는 무리수를 써서라도 디젤을 데려오고 싶어 하던 두 사람이 있었다. 서른여섯 살의 윈스턴 처칠과 일흔두 살의 존 피셔[2]였다. 처칠은 신기술에 열광하는 사람이었고 피셔는 백전노장이었다.

1899년부터 영국 해군은 비밀리에 잠수함 전력화를 추진했다. 최초 취역한 5척은 미국 홀랜드어뢰함선의 잠수함 홀랜드급을 비커스가 면허 생산한 거였다. 홀랜드급의 원동기인 휘발유 엔진은 문제투성이였다. 1903년 심지어 잠항도 안한 상태의 홀랜드급 5척 중 4척이 시험 항해 중 채 몇 킬로미터도 가지 못하고 멈춰 섰다. 영국 해군은 휘발유 엔진이 잠수함에 적합하지 않다고 결정했다.

1906년부터 비커스는 카렐의 벨기에 회사의 도움을 받아 디젤 엔진 생산에 나섰다. 그러나 디젤 엔진의 전문성에서 비커스는 2류도 되지 못했다. 비커스의 디젤 엔진 책임자 제임스 맥케크니는 중학교만 마치고 펌프와 증기기관 경력만 가진 사람이었다. 1909년까지 영국 해군은 비커스의 잠수함용 디젤 엔진 개발을 "절망적인 실패"로 여겼다.

신비하게도 1910년부터 비커스는 수준 높은 연료 분사 특허를 출원하기 시작했다. 연료 분사 기술은 디젤 엔진에

2   1904년부터 1910년까지 1등 바다 귀족을 지낸 피셔는 드레드노트의 건조와 취역의 총책임자였다. 영국의 1등 바다 귀족은 다른 나라의 해군 참모 총장과 역할이 같았다. 피셔는 드레드노트의 공적을 인정받아 1909년 초대 피셔 남작으로 봉해졌다. 나이가 많아 1910년 현역에서 물러났지만 1912년 처칠과 관련이 깊은 연료 및 엔진 왕립위원회의 위원장이 되었다. 더 중요하게는 처칠이 해군부 1등 귀족이었다. 해군부 1등 귀족은 1등 바다 귀족을 지휘했다.

서 가장 어려운 부분이었다. 비록 출원자의 이름으로 맥케크니가 나오기는 해도 그가 그걸 발명할 사람이 아닌 건 모두에게 분명했다. 더 이상한 건 그토록 앞선 특허를 내는 비커스가 막상 디젤 엔진을 제대로 생산하지 못했다는 점이었다. 1913년 8월 영국 해군 대령 로저 키이스는 "지난 3년간 고작 8대밖에 건조하지 못했다"며 비커스의 심각한 생산 지연을 힐난하는 편지를 비커스의 사장 트레버 도슨에게 보낼 정도였다.

1914년 3월 15일, 〈뉴욕타임스〉는 "디젤이 캐나다에 살고 있다"는 특종을 내보냈다. 당시 캐나다는 영국 연방의 일부였다. 그로부터 9일 뒤, 뮌헨에 살던 마르타 디젤이 사라졌다. 4개월 후 제1차 세계 대전이 시작되면서 디젤과 마르타의 신변은 더 이상 뉴스거리가 되지 못했다.

그럼에도 디젤의 흔적은 그 뒤로도 나타났다. 1915년 8월 15일, 워싱턴포스트는 미국의 베들레헴철강이 만든 부품을 캐나다로 보내 그곳의 비커스가 극비리에 생산한 15척의 잠수함에 대한 기사를 실었다. 그 잠수함의 엔진은 바로 디젤 엔진이었다.

1915년 1월 1일, 영국 해군부는 캐나다 비커스의 기존 인력을 모두 내보내고 못 보던 인력을 배치했다. 철조망과 군대가 지키는 그곳을 들어가려면 별도의 출입증이 필요했다. 캐나다에서 생산된 잠수함은 높은 엔지니어링 완성도로 영국 잠수함 부대 장교들 사이에서 가장 인기가 높았다.

아직도 긴가민가할 사람들을 위해 두 가지 사실을 알려드린다.

하나는 커먼 레일 시스템이다. 커먼 레일은 말 그대로 모든 실린더가 연결된 공통의 관에서 연료를 분사하는 걸 가리킨다. 1910년부터 1914년까지 비커스가 출원한 연료 분사 특허들은 1916년 세계 최초의 커먼 레일 디젤 엔진으로 결실을 맺었다. 1925년 비커스의 디젤 엔진 책임자 윌리엄 래비지는 이걸 개발한 사람이 "맥케크니가 아닌 건 물론이고 무명의 영국 해군 마술사"였다고 논문에 썼다. 그게 얼마나 시대를 앞섰던지 비커스의 잠수함 이후로 그걸 누군가 다시 만드는 데 성공한 때는 약 80년 후였다.

다른 하나는 작전 민스미트다. 영국에서 민스미트는 말린 과일과 양념 등을 섞어 놓은 파이 재료를 가리킨다. 1943년 영국은 시칠리아가 아닌 그리스를 공격할 것처럼 독일을 속이려 들었다. 그들은 그리스 침공 계획을 담은 서류 가방을 스페인 해변에서 발견되도록 했다. 그리고 신빙성을 높이기 위해 서류 가방을 가상의 영국 해병대 소령으로 조작된 시체의 코트 벨트에 사슬로 연결했다. 시체의 옷에는 가상의 신원을 증명하기 위한 별의별 물건들을 넣어두었다. 디젤이 사라졌을 때 해군부 1등 귀족이었던 처칠은 그때 당시 영국 총리였다.

나오는 말

이 책 읽기를 막 마친 여러분의 머릿속이 꽤나 어지러울 것 같습니다. 확률에 대한 이야기가 계속된 데다가 100년도 넘는 시간의 간격이 있는 사건들이 휙휙 빠른 속도로 지나쳤을 거라서 그렇습니다. 게다가 방금 끝난 디젤 이야기는 여전히 잘 믿기지 않을 겁니다. 괜찮습니다. 제가 제시한 가능성을 100퍼센트 안 믿으셔도 됩니다.

대신 다른 건 몰라도 1장에서 제가 했던 이야기만큼은 꼭 기억했으면 좋겠습니다. 그건 비즈니스에서 운이 작용하기 마련이라는 사실이 꼭 나쁜 소식은 아니라는 점입니다. 모두가 불가능하다고 이야기하는 일을 가능하게 만드는 데서 진짜로 값진 진보와 혁신이 일어납니다.

그리고 믿기 어렵겠지만 그러한 혁신의 상당수는 기량이 아닌 운 덕분에 발생합니다. 새로운 도전에 나설 때 낙천적이고 열린 마음의 자세를 가지려 해보세요. 운이 여러분을 향해 언제든 손을 뻗칠 수 있도록 말이에요.

마지막 부탁으로 이 책에서 이야기한 확률 생각법에 딱 맞는 사례나 과제를 여러분의 업무나 일에서 혹시 접하게 된다면, 그리고 그걸 외부에 얘기하는 게 문제가 되지 않는다면, 저에게도 꼭 알려주세요. 그런 사례들을 모아 또 다른 비즈니스에서의 확률 생각법을 다룬 책을 쓰게 된다면 정말 멋진 일이 될 것 같아요.

행운이 독자 여러분 모두와 함께하길.

저자 권오상은 벤처캐피털회사 프라이머사제파트너스의 공동창업자이자 공동대표다. 금융감독원 복합금융감독국장과 연금금융실장, 도이체방크 홍콩지점과 서울지점 상무Director, 영국 바클레이스캐피털 런던지점과 싱가포르지점 매니저, 차의과학대학교 글로벌경영학과 교수, 한국과학기술원KAIST 기술경영학과 겸직교수, 삼성SDS 수석보, 기아자동차 주임연구원을 지냈고, 고려대학교와 중앙대학교에서 재무를 가르쳤다.

서울대학교 기계설계학과에서 학사, 한국과학기술원 기계공학과에서 석사, 미국 캘리포니아 버클리대학교University of California, Berkeley 기계공학과에서 박사학위를 받았고, 프랑스

인시아드INSEAD 경영대학원에서 MBA를 취득했다.

한국출판문화산업진흥원 우수출판콘텐츠에 선정된 〈한국사를 바꾼 12가지 공학 이야기〉, 한국출판문화산업진흥원 세종도서인 〈엔지니어 히어로즈〉, 〈혁신의 파〉, 〈억만장자가 되려면 대학을 중퇴해야 할까〉, 한국과학창의재단 우수과학도서인 〈노벨상과 수리공〉 및 그 개정판인 〈미래를 꿈꾸는 엔지니어링 수업〉 등의 저서가 있다. 이외에도 〈에르고드 이코노미〉, 〈세 가지 열쇠〉, 〈이기는 선택〉, 〈기업은 투자자의 장난감이 아니다〉 등을 썼다.

참고 문헌

- 게르츠 기거렌처 외, 박병화 옮김,《통계의 함정》, 율리시즈, 2017.
- 게르트 기거렌처, 강수희 옮김,《지금 생각이 답이다》, 추수밭, 2014.
- 게르트 기거렌처, 전현우, 황승식 옮김,《숫자에 속아 위험한 선택을 하는 사람들》, 살림, 2013.
- 게르트 기거렌처, 안의정 옮김,《생각이 직관에 묻다》, 추수밭, 2008.
- 권오상,《에르고드 이코노미》, 미지북스, 2023.
- 권오상,《억만장자가 되려면 대학을 중퇴해야 할까》, 클라우드나인, 2021.
- 권오상,《한국사를 바꾼 12가지 공학 이야기》, 청어람e(청어람미디어), 2021.
- 권오상,《혁신의 후원자 벤처캐피털》, 클라우드나인, 2020.
- 권오상,《세 가지 열쇠》, 부키, 2019.
- 권오상,《미래를 꿈꾸는 엔지니어링 수업》, 청어람e(청어람미디어), 2019.
- 권오상,《혁신의 파》, 청어람e(청어람미디어), 2018.
- 권오상,《이기는 선택》, 카시오페아, 2016.

- 권오상, 《노벨상과 수리공》, 미래의창, 2014.
- 코지마 히로유키, 장은정 옮김, 《세상에서 가장 쉬운 베이즈통계학 입문》, 지상사, 2017.
- 코지마 히로유키, 김경원 옮김, 《확률의 경제학》, 살림Biz, 2008.
- 코지마 히로유키, 이정환 옮김, 《비즈니스맨이 꼭 알아야 할 확률의 법칙》, 토네이도, 2007.
- 김동환, 《빅데이터는 거품이다》, 페이퍼로드, 2016.
- 니시우치 히로무, 신현호 옮김, 《빅데이터를 지배하는 통계의 힘》, 비전코리아, 2023.
- 니시우치 히로무, 신현호 옮김, 《확률을 높이는 확률》, 비전코리아, 2013.
- 다나카 요시아쓰, 서혜영 옮김, 《신기한 확률 재미난 인생》, 한숲출판사, 2002.
- 다부치 나오야, 황선종 옮김, 《확률적 사고의 힘》, 에프엔미디어, 2022.
- 데보라 베넷, 박병철 옮김, 《확률의 함정》, 영림카디널, 2000.
- 데이비드 살스버그, 최정규 옮김, 《천재들의 주사위》, 뿌리와이파리, 2003.
- 래리 고닉 외, 이중환 옮김, 《통계학 길잡이》, 국제, 2002.
- 로버트 후크, 김동훈 옮김, 《통계학자와 거짓말쟁이》, 새날, 1995.
- 마이클 올킨, 김량국 옮김, 《읽기만 해도 술술 풀리는 확률의 세계》, 해바라기, 2002.
- 버트 홀랜드, 강주헌 옮김, 《재수가 아니라 확률이다》, 휘슬러, 2004.
- 알베르토 카이로, 이제원 옮김, 《진실을 드러내는 데이터 시각화의 과학과 예술》, 인사이트, 2019.
- 에드워드 와서만, 박선영 옮김, 《우리가 몰랐던 혁신의 비밀》, 상상스퀘어, 2023.
- 이언 스튜어트, 장영재 옮김, 《신도 주사위 놀이를 한다》, 북라이프, 2020.
- 이언 해킹, 정혜경 옮김, 《우연을 길들이다》, 바다출판사, 2012.

- 장문석, 《피아트와 파시즘》, 지식의풍경, 2009.
- 제프리 로젠탈, 박민서 옮김, 《1% 확률의 마술》, 부표, 2010.
- 조엘 베스트, 노혜숙 옮김, 《통계라는 이름의 거짓말》, 무우수, 2003.
- 조지 박스, 박중양 옮김, 《어쩌다 보니 통계학자》, 생각의힘, 2015.
- 조지프 마주르, 노태복 옮김, 《그건 우연이 아니야》, 에이도스, 2019.
- 카이저 펑, 황덕창 옮김, 《넘버스 숫자가 당신을 지배한다》, 타임북스, 2011.
- 케빈 애슈턴, 이은경 옮김, 《창조의 탄생》, 북라이프, 2015.
- 콜린 브루스, 이은희 옮김, 《셜록 홈스 확률의 거짓말》, 경문사, 2019.
- 폴 나힌, 안재현 옮김, 《당신이 10년 후에 살아 있을 확률은》, 처음북스, 2014.

Ashley, Gerald, 《Uncertainty and Expectation》, Wiley, 2003.

Bahcall, Safi, 《Loonshots》, St. Martin's Press, 2019.

Bertoin, Jean, 《Levy Processes》, Cambridge University Press, 1998.

Blastland, Michael and Andrew Dilnot, 《The Numbers Game》, Gotham, 2008.

Bram, Uri, 《Thinking Statistically》, CreateSpace, 2013.

Brunt, Douglas, 《The Mysterious Case of Rudolf Diesel》, Atria Books, 2023.

Cairo, Alberto, 《How Charts Lie》, W. W. Norton & Company, 2019.

Campbell, Stephen K., 《Flaws and Fallacies in Statistical Thinking》, Dover Publications, 2004.

Chivers, Tom and David Chivers, 《How to Read Numbers》, W&N, 2022.

Clayton, Aubrey, 《Bernoulli's Fallacy》, Columbia University Press, 2021.

Cohen, Ben, 《The Hot Hand: The Mystery and Science of Streaks》, Custom House, 2020.

Ekeland, Ivar, 《The Broken Dice》, The University of Chicago Press, 1993.

Gilbert, Sam, 《Good Data》, Welbeck, 2021.

Grover, Jeff, 《Strategic Economic Decision-Making》, Springer, 2012.

Hammack, Bill, 《The Things We Make》, Sourcebooks, 2023.

Hand, David J., 《Dark Data》, Princeton University Press, 2020.

Harford, Tim, 《The Data Detective》, Riverhead Books, 2021.

Huff, Darrell, 《How to Lie with Statistics》, W. W. Norton & Company, 1993.

Jones, Chris, 《The Eye Test》, Twelve, 2022.

Kaplan, Michael and Ellen Kaplan, 《Chances are》, Penguin Books, 2007.

Kruschke, John K., Doing Bayesian 《Data Analyses》, Academic Press, 2011.

Laplace, Marquis de, 《A Philosophical Essay on Probabilities》, Dover, 1951.

Lee, Peter M., 《Bayesian Statistics》(3rd edition), Hodder Arnold, 2004.

Leski, Kyna, 《The Storm of Creativity》, The MIT Press, 2015.

Lewis, H.M., 《Why Flip a Coin?》, Wiley, 1997.

Lewis, Michael, 《The Undoing Project》, W. W. Norton & Company, 2016.

Lewis, Michael, 《Moneyball》, W. W. Norton & Company, 2003.

Lienhard, John H., 《The Engines of Our Ingenuity》, Oxford University Press, 2000.

Lockwood, David, 《Confused by the Odds》, Greenleaf Book Group Press, 2023.

Lockwood, David, 《Fooled by the Winners》, Greenleaf Book Group Press, 2021.

Lotto, Beau, 《Deviate: The Science of Seeing Differently》, Hachette Books, 2017.

Mcgrayne, Sharon B., 《The Theory that would not die》, Yale University Press, 2011.

Ridley, Matt, 《How Innovation Works》, Harper Perennial, 2021.

Root-Bernstein, Robert S., 《Sparks of Genius》, Mariner Books, 2001.

Rose, Todd, 《Collective Illusions》, Hachette Go, 2022.

Rose, Todd, 《The End of Average》, HarperOne, 2016.

Ross, Sheldon M., 《Applied Probability Models with Optimization Applications》,

Dover, 1992.

Ross, Sheldon M., 《Introduction to Probability Models》(6th edition), Academic Press, 1997.

Savage, Leonard J., 《The Foundations of Statistics》, Dover, 1972.

Savage, Sam L., 《Chancification》, Independently published, 2022.

Savage, Sam L., 《The Flaw of Averages》, Wiley, 2009.

Smith, Gary, 《Standard Deviations》, Abrams Press, 2015.

Taleb, Nassim N., 《Antifragile》, Random House, 2012.

Taleb, Nassim N., 《Fooled by Randomness》, Texere, 2001.

Taleb, Nassim N., 《Statistical Consequences of Fat Tails》, STEM Academic Press, 2020.

Taleb, Nassim N., 《The Black Swan》, Random House, 2007.

Whittle, Peter, 《Probability via Expectation》(4th edition), Springer, 2000.

Williams, Jeffrey, 《The Economic Function of Futures Markets》, Cambridge University Press, 1986.

확률의 승부사들
성공과 실패를 가른 확률 경영의 역사

초판 1쇄 발행 2024년 10월 30일

지은이 권오상

펴낸이 김재원, 이준형
디자인 studio forb

펴낸곳 비욘드날리지 주식회사
출판등록 제2023-0001117호
E-Mail admin@tappik.co.kr

ISBN 979-11-988964-3-8 (03900)

· 이 도서는 2024년 문화체육관광부의 '중소출판사 성장부문 제작 지원' 사업의 지원을 받아
  제작되었습니다.